Horst Mühlmann

Abitur-Prüfungsaufgaben

Englisch 2009

LK Nordrhein-Westfalen

Klett Lerntraining

Horst Mühlmann, langjähriger Gymnasiallehrer in Nordrhein-Westfalen in den Fächern Englisch und Deutsch; in der Lehrerfortbildung tätig; Mitarbeit bei der Lehrplan- und Qualitätsentwicklung; langjähriger Autor für Abitur- und Unterrichtshilfen.

Bibliographische Information Der Deutschen Bibliothek
Die Deutsche Bibliothek verzeichnet diese Publikation in der Deutschen Nationalbibliothek; detaillierte bibliographische Daten sind im Internet über http://dnb.ddb.de abrufbar.

Auflage 4. 3. 2. 1. | 2011 2010 2009 2008

Internetadresse: www.klett.de
DTP: pws Print und Werbeservice Stuttgart GmbH; Klaus Bauer, Bondorf
Druck: Medienhaus Plump, Rheinbreitbach
Printed in Germany
ISBN: 978-3-12-929968-5

9 783129 299685

Inhalt

Inhalt

2. Teil: Übungen zu den Checklisten

3. Teil: Typische Klausurbeispiele unter Abiturbedingungen für den Leistungskurs

Vorwort

Liebe Schülerinnen und Schüler,

dieses Übungsbuch will Sie intensiv auf das Zentralabitur in Nordrhein-Westfalen vorbereiten. Es ist in drei Kapitel unterteilt, die Ihnen bei der Wiederholung und Anwendung wichtiger Strategien und Arbeitstechniken helfen und verdeutlichen, wie Sie bei der Lösung der Abituraufgaben vorgehen sollten:

Im ersten Teil des Buches finden Sie Checklisten zu den **Aufgabenarten und Aufgabenstellungen**, die Sie im schriftlichen und mündlichen Abitur zu erwarten haben. Es folgen zahlreiche **Checklisten**, die Ihnen verdeutlichen, wie Sie die verschiedenen Teilaufgaben lösen können und die Ihnen helfen, die dazu notwendigen Kenntnisse und Fertigkeiten aufzufrischen, zu festigen und zu erweitern.

Der zweite Teil des Buches enthält **Übungen zu den Checklisten**: Es werden Ihnen Texte vorgelegt, die unterschiedlichen Textsorten zugeordnet sind und sich auf Themen und Sachgebiete beziehen, die im Oberstufenunterricht häufig vorkommen und auch im Abitur zu erwarten sind. Es wird gezeigt, wie Sie diese Ausgangstexte mit Hilfe der Checklisten zielsicher bearbeiten können.

Der dritte Teil des Buches enthält typische **Aufgabenbeispiele** insbesondere für das schriftliche Abitur. Sie bestehen aus einem Ausgangstext, der Aufgabenstellung und einem Erwartungshorizont zur Lösung der Aufgaben.

Im vierten Teil des Buches finden Sie die Original-Abiturklausuren 2007 mit ihrem jeweiligen Erwartungshorizont.

Im fünften Teil des Buches finden Sie die Original-Abiturklausuren 2008 mit ihrem jeweiligen Erwartungshorizont.

Viel Erfolg im Abitur wünscht Ihnen

Horst Mühlmann

Checklisten

1. Welche Aufgabenarten und Aufgabenstellungen können in der Abiturklausur vorkommen?

Sie müssen sich darauf einstellen und darauf vorbereiten, dass Ihnen im schriftlichen Abitur zwei der folgenden vier Aufgabenarten vorgelegt werden und Sie eine davon zu bearbeiten haben.

Aufgabenart A

Aufgabenart A: Textaufgabe

- Aufgabenart A 1: Textaufgabe mit analytisch-interpretierendem Schwerpunkt

  Dazu drei Teilaufgaben:
  1. *Comprehension*
  2. *Analysis*
  3. *Evaluation/Comment*

- Aufgabenart A 2: analytisch-interpretierende Textaufgabe mit produktionsorientierter Aufgabenstellung

  Dazu vier Teilaufgaben; die letzten beiden zur Wahl
  1. *Comprehension*
  2. *Analysis*
  3.1 *Evaluation/Comment*
  oder
  3.2 *Evaluation/re-creation of text*

Aufgabenart B

Aufgabenart B: Textaufgabe in Kombination mit weiteren Medien

- Aufgabenart B 1: Textaufgabe in Verbindung mit Statistiken, Diagrammen, Schaubildern bzw. bildlichen Darstellungen

  Dazu drei Teilaufgaben wie bei Aufgabenart A 1 oder A 2

- Aufgabenart B 2: Textaufgabe in Verbindung mit auditiv bzw. audiovisuell vermittelten Texten (z. B. Song bzw. Film- oder Fernsehausschnitt)

Dazu werden drei Teilaufgaben gestellt wie bei den Aufgabenarten A 1 und A 2.

Wichtig: Sie müssen davon ausgehen, dass Ihnen die **vorgelegten Texte (Ausgangstexte)** bei allen Aufgabenarten **„unbekannt"** sind. Das heißt, sie sind **nicht im Unterricht behandelt** worden. Ein Bezug zu Texten, die im Unterricht analysiert wurden, ist insbesondere im Rahmen der Teilaufgabe *Evaluation* bzw. bei der produktionsorientierten Teilaufgabe zu erwarten.

Welche Aufgabenarten und Aufgabenstellungen werden zur Wahl gestellt?

- Sie können stets zwischen zwei Prüfungsaufgaben wählen. Entweder wählen Sie die Prüfungsaufgabe, die sich auf einen literarischen Text bezieht, oder die Prüfungsaufgabe, die sich auf einen Sach- bzw. Gebrauchstext bezieht. Auch die Aufgabenarten B 1 und B 2 sind entweder einem literarischen Schwerpunkt zugeordnet oder dem Bereich Sach- und Gebrauchstexte.

- Außerdem können Sie bei den beiden Prüfungsaufgaben in der Regel zwischen der Teilaufgabe *Evaluation/Comment* und der produktionsorientierten/kreativen Teilaufgabe wählen.

Was muss ich bei den einzelnen Teilaufgaben tun?

1. Comprehension

- Sie müssen nachweisen, dass Sie den vorgegebenen Sach- und Gebrauchstext bzw. literarischen Text der Aufgabenstellung gemäß in den zentralen Aussagen verstanden haben. Dies gilt auch für bildlich oder medial vermittelte Texte (Aufgabenart B 1 und B 2).
- Alle dazu erforderlichen Informationen sind nur der Textvorlage bzw. dem medial vermittelten Text zu entnehmen.
- Erforderlich ist eine sachliche Darstellung. Ihre eigene Meinung darf nicht einfließen.
- Die Sicherung des Textverständnisses ist Voraussetzung für die Teilaufgaben *Analysis* und *Evaluation* bzw. die produktionsorientierte Aufgabe.

2. Analysis

- Sie müssen nachweisen, dass Sie den vorgelegten Sachtext, literarischen Text, die bildliche Darstellung oder den Filmausschnitt im Hinblick auf die Problementfaltung, Struktur, sprachliche bzw. filmsprachliche Gestaltung usw. erarbeiten können.

- Dabei ist stets der funktionale Zusammenhang zwischen Inhalt und Form zu beachten. Das heißt z. B.: Durch welche rhetorischen Mittel versucht ein Redner Intention und Inhalt seiner Rede zu verstärken und damit auch die Wirkung auf seine Zuhörer?
- Um diese Teilaufgabe zu lösen, sind auch Hintergrundwissen und fachsprachliche Kenntnisse erforderlich, vor allem die Kenntnis von Textsorten, Sprachebenen, rhetorischen Figuren, literarischen und filmischen Mitteln sowie Mitteln der bildlichen Darstellung.
- Die Textanalyse ist auch eine Voraussetzung für die Teilaufgabe *Evaluation* bzw. die produktionsorientierte Aufgabe.

Evaluation/ Comment

- Diese Teilaufgabe verlangt eine abschließende Bewertung und Auswertung der zuvor erarbeiteten Ergebnisse Ihrer Textanalyse.
- So kann verlangt werden, dass Sie zum Ausgangstext bzw. darin enthaltenen einzelnen Aussagen oder Thesen begründet Stellung nehmen und dabei auch Ihre eigene Meinung und Wertung einbeziehen.
- Es ist auch möglich, dass die Einordnung zentraler Aussagen des Textes oder des gesamten Textes in erweiterte Zusammenhänge verlangt wird.
- Dabei können Sie auch eigenes Wissen einbeziehen.
- Es kann auch verlangt werden, dass Sie die Qualität, Angemessenheit, Schlüssigkeit, Überzeugungskraft, Form usw. des Ausgangstextes beurteilen.
- Der Bezug zum Ausgangstext muss stets gewahrt werden. Allgemein wertende Aussagen ohne Textbezug sind nicht zulässig.

Produktionsorientierte/kreative Gestaltungsaufgabe ((re-)creation of text)

- Hier sind vielfältige Aufgabenstellungen zu erwarten, bei deren Lösung Sie auch die Arbeitsergebnisse berücksichtigen müssen, die Sie bei der Lösung der ersten beiden Teilaufgaben gewonnen haben.
- Verlangt werden können zum Beispiel eine Darstellung aus einer anderen Perspektive, das Umschreiben oder Weiterführen der Handlung, das Verfassen von Interviews, Dialogen, dramatischen Szenen, Leserbriefen, Gegenreden usw.

- Dazu ist die Kenntnis der wesentlichen Merkmale der jeweiligen Textsorte erforderlich.
- Sie können bei Ihrer Darstellung eigenes Wissen einbeziehen.
- Auch Ihre eigene Meinung bzw. Werthaltungen können einfließen.

Wichtig: Achten Sie darauf, dass die **einzelnen Teilaufgaben aufeinander bezogen gelöst werden,** so dass Ihre Klausur als **zusammenhängender Text** (Zieltext) gelten kann.
Denn die Abituraufgaben zeichnen grundsätzlich den Weg von einem Ausgangstext (bzw. von Ausgangstexten) über die Teilaufgaben *comprehension, analysis* und *evaluation* bzw. produktionsorientierte Gestaltungsaufgabe zur Zieltexterstellung:

Ausgangstext(e) →	**Teilaufgaben →**	**Zieltext(e)**
Sach- und Gebrauchstexte wie (Ausschnitte aus) Zeitungsbericht, Kommentar, Zeitschriftenartikel, Sachbuch usw. Literarische Texte wie Gedicht, Roman- oder Dramenausschnitt, Teil einer Kurzgeschichte, *short story* Statistik, Schaubild, Diagramm, Foto, Cartoon Auditive bzw. audiovisuell vermittelte Texte wie Song, Filmausschnitt usw.	*Comprehension*: Textverstehen sichern *Analysis*: Text(e) problemorientiert thematisch und formal/sprachlich untersuchen *Evaluation/Comment*: Auswertung und Bewertung der problemorientierten Bearbeitung des Ausgangstextes bzw. der Ausgangstexte Produktionsorientierte/kreative Aufgabenstellung	Lösungen der Teilaufgaben aufeinander bezogen und aufeinander aufbauend Produktionsorientierte/kreative Textsorten wie Leserbrief, Dialog, Interview, Filmkritik, Perspektivwechsel, Rede usw.

2. Welches sind die wesentlichen Unterschiede hinsichtlich der Aufgabenstellung zwischen Grund- und Leistungskurs?

- In beiden Kursarten können Sie mit denselben Aufgabenarten und denselben Formen der Aufgabenstellung (vgl. **Checkliste 1**) rechnen.
- Die Ausgangstexte unterscheiden sich im Schwierigkeitsgrad und der Textlänge.

Schwierigkeitsgrad und Textlänge

- Der Schwierigkeitsgrad der Ausgangstexte ergibt sich daraus, dass im Grundkurs eine grundlegende wissenschaftspropädeutische Ausbildung erfolgt und im Leistungskurs eine exemplarisch vertiefte wissenschaftspropädeutische Ausbildung.
- Im Grundkurs umfasst der Ausgangstext bei der Aufgabenart A 400–600 Wörter, im Leistungskurs 600–800 Wörter (im Ausnahmefall 900 Wörter).
- Für die Aufgabenart B soll der schriftliche Ausgangstext im Grundkurs den Umfang von 400 Wörtern nicht überschreiten, im Leistungskurs den Umfang von 500 Wörtern.
- In beiden Kursarten hat der auditive bzw. audiovisuelle Ausgangstext (z. B. Song oder Filmausschnitt) bei der Aufgabenart B eine Länge von ca. 3–4 Minuten.
- Werden bildliche und statistische Darstellungen vorgelegt, so sind es in beiden Kursarten nicht mehr als zwei Materialien, z. B. ein Cartoon und eine Statistik.

3. Soll ich die Aufgabe bearbeiten, die sich auf einen literarischen Ausgangstext bezieht, oder den Sach- und Gebrauchstext?

Vorlieben/ Interessen

- Schon vor dem Abitur sollte Ihnen bewusst werden, ob Sie lieber literarische Texte lesen und interpretieren oder Sach- und Gebrauchstexte vorziehen.
- Wenn Sie in stärkerem Maße an Sachthemen wie *politics, social problems, environmental protection, education* interessiert sind und an einer vorwiegend sachlichen und informativen Darstellung solcher Themen in Zeitungen, Zeitschriften und Fachbüchern, werden Ihnen Aufgaben leichter fallen, die sich auf Sach- und Gebrauchstexte beziehen.

Stärken/ Schwächen

- Sollten Sie sich lieber mit Literatur und Kunst sowie fantasievollen und poetischen Darstellungen auseinander setzen, werden Ihnen eher Aufgabenstellungen zusagen, die sich auf literarische Ausgangstexte beziehen.
- Hilfreich für Ihre Entscheidung sind auch die Erfahrungen, die Sie im Oberstufenunterricht und bei den Klausuren gemacht haben.
- Auch Gespräche mit Ihrer Lehrerin bzw. Ihrem Lehrer sowie die Lehrerkommentare unter Ihren Klausuren können Entscheidungshilfen sein.

Vorkenntnisse/ Fähigkeiten

- Bevor Sie sich entscheiden, sollten Sie in der halbstündigen Vorbereitungszeit prüfen, ob der vorgelegte literarische Ausgangstext oder der Sachtext Ihren Vorkenntnissen und Fähigkeiten eher entgegenkommt. Achten Sie dabei auf eventuell hilfreiche Hinweise wie Verfasser, Titel, Erscheinungsjahr, Textsorte, Thema.
- Lesen Sie beide Ausgangstexte kursorisch durch, um Thema und Hauptproblem zu erfassen. Dabei werden Sie auch einen globalen Eindruck vom sprachlichen Schwierigkeitsgrad erhalten, so dass diese Eindrücke Ihre Entscheidung erleichtern können.
- Lesen Sie vor einer Entscheidung die Teilaufgaben sorgfältig durch und wählen Sie die Aufgabe mit den Teilaufgaben aus, die Ihnen besonders klar erscheint und die Sie aufgrund Ihrer Vorkenntnisse am besten bearbeiten können.

4. Soll ich die Teilaufgabe *Evaluation/ Comment* oder die produktionsorientierte/kreative Aufgabe wählen?

Stärken/ Schwächen

- Bereits im Laufe des Oberstufenunterrichts und insbesondere in den Klausuren vor dem Abitur sollten Sie erkennen, wo Ihre Stärken liegen.
- Auch Gespräche mit der Kurslehrerin bzw. dem Kurslehrer sowie der Lehrerkommentar unter den Klausuren können für Ihre Entscheidung hilfreich sein.
- Sie sollten aber im schriftlichen Abitur keine automatische Entscheidung treffen, sondern die Aufgabenstellungen der beiden zur Wahl gestellten Prüfungsaufgaben genau durchlesen.

Vorlieben/ Interessen

- Es ist denkbar, dass Sie zum Beispiel die produktionsorientierte Teilaufgabe der Stellungnahme vorziehen, weil Ihnen das Verfassen eines Leserbriefs liegt und Sie diese Textsorte auch im Privatleben besonders interessant finden.
- Andererseits werden Sie die Teilaufgabe *Evaluation* vorziehen, wenn Ihnen die alternativ geforderte kreative Aufgabe, z. B. die Gestaltung eines Dialogs im Anschluss an die Analyse eines Dramenausschnitts schwerfällt.

vorhandene Vorkenntnisse

- Wesentlich ist, dass Ihnen die Merkmale der jeweils verlangten Textsorte (z. B. Interview oder Filmkritik) vertraut sind, wenn Sie sich für die produktionsorientierte Teilaufgabe entscheiden.

5. Der Schreibprozess: Vorbereitung, Durchführung und Überprüfung

Bezogen auf den bzw. die Ausgangstexte müssen Sie in der zur Verfügung stehenden Arbeitszeit drei Teilaufgaben lösen und die entsprechenden Lösungen überprüfen. Um Zeit zu sparen und die Prüfungsaufgabe zielsicher zu bewältigen, sollten Sie sich an den folgenden Arbeitsschritten orientieren. Im Grunde kann jede Schreibaufgabe, die sich auf das Verstehen und die Analyse eines Textes bezieht, diesem Schreibprozess folgen. Er wird am Beispiel der Teilaufgabe *Comprehension* dargestellt.

Arbeitsschritte – Comprehension

1. **Arbeitsschritt: Sichtung der gesamten Prüfungsaufgabe und kursorisches Lesen des Ausgangstextes**

Sehen Sie sich die Teilaufgaben zunächst genau an, um zu ermitteln, welche Leistungen von Ihnen erwartet werden. Durch das erste und kursorische Lesen des Ausgangstextes können Sie das Thema bzw. Hauptproblem des Textes erfassen.

2. **Arbeitsschritt: Ausgangstext unterstreichen**

Beim zweiten Lesen des Textes unterstreichen Sie zunächst nur die inhaltlichen Informationen, die Sie für die Lösung der Aufgabe benötigen.

3. **Arbeitsschritt: Entwerfen Sie anhand der Informationen eine Gliederung für die Lösung der Aufgabe.**

Übernehmen Sie dabei nicht einfach die im Text verwendeten Formulierungen, sondern benutzen Sie eigene Ausdrücke, um sich so schon auf das Schreiben des Lösungstextes vorzubereiten.

4. **Arbeitsschritt: Verfassen eines ersten Entwurfs und Überprüfung des Textes**

Schreiben Sie diesen Entwurf entsprechend der Gliederung möglichst zügig auf das Konzeptpapier und überprüfen ihn dann inhaltlich und im Hinblick auf den Aufbau des Textes. Es könnte sinnvoll sein, Umstellungen vorzunehmen, um die Gedankenentwicklung zu verdeutlichen. Abschließend korrigieren Sie den Text auch mit Hilfe des einsprachigen Wörterbuchs.

5. Reinschrift erstellen

Wenn Sie sich sicher fühlen, ist es auch denkbar, dass Sie den vierten Arbeitsschritt überspringen oder nur einen Teil der Aufgabenlösung entwerfen und sofort mit der Reinschrift beginnen.

6. Durchlesen und Korrektur Ihres Textes

Bevor Sie die nächste Teilaufgabe – die Textanalyse – erarbeiten, lesen Sie die Endfassung Ihrer Aufgabenlösung sorgfältig durch, um noch übersehene Mängel zu beheben und Fehler zu korrigieren.

Arbeitsschritte – Analysis

Verfahren Sie nach diesem Muster auch bei der Bearbeitung der zweiten analytischen Teilaufgabe (*Analysis*), bei der Sie zunächst z. B. die formalen und sprachlichen Elemente im Ausgangstext markieren, die Sie für die Lösung der Aufgabe benötigen. Verfassen Sie den ersten Entwurf bzw. die Endfassung nach einer gut durchdachten Gliederung und vergessen Sie nicht den Text abschließend zu überprüfen und zu korrigieren.

Arbeitsschritte – Evaluation/ Comment

Auch die dritte Teilaufgabe (*Evaluation/Comment*) wird entsprechend gelöst, indem Sie zunächst den Teil oder die Aussagen des Ausgangstextes markieren, zu denen Sie persönlich Stellung nehmen sollen. Sammeln Sie dann Ideen bzw. Argumente für Ihre Stellungnahme, die Sie anschließend ordnen. Diese Gliederung richtet sich im Wesentlichen nach der Intention Ihrer Stellungnahme, die zustimmend, ablehnend oder abwägend (pro und contra) sein kann. Bei der Erstellung der Gliederung bedenken Sie, dass Ihre Argumentation folgerichtig und begründet ist.

Arbeitsschritte – produktionsorientierte/kreative Teilaufgabe

Bei der Lösung der produktionsorientierten/kreativen Teilaufgabe kommt es zusätzlich darauf an, dass Sie die Merkmale des zu erstellenden Textformats kennen und beim Verfassen Ihres Textes zutreffend verwirklichen.

Bevor Sie Ihre Arbeit abgeben, lesen Sie sie insgesamt sorgfältig durch und verbessern Sie Ausdrucksmängel und korrigieren Sie Flüchtigkeiten und Fehler.

6. Wie löse ich Aufgaben zum Textverstehen (*Comprehension*)?

Das Verstehen des Textinhalts ist Voraussetzung für eine genauere Textanalyse (Teilaufgabe *analysis*) und für die textbezogene Stellungnahme (Teilaufgabe *evaluation*) bzw. die produktionsorientierte Teilaufgabe im Anschluss an wesentliche inhaltliche, formale und sprachliche Merkmale des Ausgangstextes. Diese verständnissichernde Teilaufgabe dient also der Vorbereitung der folgenden Teilaufgaben.
Dabei sollten Sie die folgenden Hinweise beachten:

Lesen

- Lesen Sie die Aufgabenstellung genau durch, um zu erkennen, welche Informationen, Probleme oder Zusammenhänge dargestellt werden sollen. Es ist (vielleicht mit Ausnahme kürzerer Ausgangstexte, z. B. bei Gedichten) nicht zu erwarten, dass Sie den gesamten Inhalt des Ausgangstextes vollständig wiedergeben müssen. Vielmehr soll überprüft werden, ob Sie den Ausgangstext in zentralen Aussagen verstanden haben.
- Solche, das Textverständnis sichernde Aufgaben sind z. B. Arbeitsanweisungen zur Überprüfung des Verständnisses der im Text enthaltenen wesentlichen Informationen bzw. Anweisungen zur Erläuterung von Begriffen oder Zitaten, die im Ausgangstext enthalten sind.
- Die Arbeitsanweisungen unterscheiden sich im Hinblick auf die Art des Ausgangstextes. Sachtexte vermitteln zum Beispiel Informationen über Ereignisse und Probleme oder enthalten Argumente und Vorschläge. Bei literarischen Texten wird eher eine Personencharakterisierung verlangt oder die Darstellung des Handlungsverlaufs. Achten Sie dabei besonders auf die Anfangswörter der Aufgabenstellung, z. B. *What ..., Point out ..., State ..., Define ..., Discuss ..., Describe ..., Characterize ...,Compare ...*
- Lesen Sie den Ausgangstext zunächst kursorisch durch, wenn Sie es nicht bereits in der Vorbereitungszeit getan haben. Denn das globale Verstehen des gesamten Textes gewährleistet es, dass Sie den Gesamtzusammenhang im Auge behalten, wenn Sie sich anschließend auf die erfragten Aspekte konzentrieren.

Unterstreichen/ Anmerken

- Beim zweiten Durchlesen des Ausgangstextes unterstreichen oder markieren Sie die Informationen, die für die Lösung dieser Teilaufgabe wichtig sind, und ermitteln Sie die Bedeutung Ihnen unbekannter Wörter und Wendungen (vgl. **Checkliste 11 und 12**).
- Sie können auch andere Zeichen benutzen, zum Beispiel Pfeile, Kreise, geschlängelte Linien usw., um inhaltliche Zusammenhänge zu verdeutlichen.
- Versehen Sie auch schon den Ausgangstext mit Ihren ersten Anmerkungen, die für die Lösung dieser Teilaufgabe wichtig sein können. Verwenden Sie dabei nach Möglichkeit alternative Wörter und Formulierungen, so dass Sie dadurch das Schreiben Ihrer Lösung bereits zum Teil vorbereiten und erleichtern.
- Markieren Sie Begriffe, Satzteile bzw. kurze Sätze, die Sie zitieren wollen, da sie zur Verdeutlichung oder Prägnanz Ihrer Darstellung beitragen können. Bedenken Sie dabei, dass Sie nur wenige, besonders markante und kurze Beispiele (bis zu fünf Wörter) zitieren dürfen und berücksichtigen Sie dabei die Zitiertechnik (vgl. **Checkliste 13**).
- Wenn die Aufgabenstellung sich nicht auf den gesamten Ausgangstext bezieht, brauchen Sie zunächst nur den relevanten Textteil sprachlich zu erschließen.

Gliederung

- Anhand Ihrer Unterstreichungen, Textmarkierungen und Anmerkungen können Sie nun eine vorläufige Gliederung Ihrer Aufgabenlösung erstellen.
- Orientieren Sie sich dabei an der bewährten Grobgliederung „Einleitung, Hauptteil, Schluss". Das heißt: Notieren Sie einen Einleitungssatz, der sich auf das Thema oder Problem bezieht. Halten Sie dann die wesentlichen, im Ausgangstext vermittelten, Informationen nacheinander fest, die Sie für die Lösung dieser Teilaufgabe benötigen, und notieren Sie danach einen Schlusssatz, der Ihren Text zusammenfasst bzw. zur Lösung der nächsten Teilaufgabe überleitet.
- Überprüfen Sie dann, ob diese Gliederung klar und konsequent ist. Gegebenenfalls sollten Sie im Hauptteil Umstellungen vornehmen oder auch die Einleitung bzw. den Schluss umformulieren.
- Da verlangt ist, dass Sie die Lösung der Teilaufgaben **mit eigenen Worten** darstellen, verwenden Sie in Ihrer Gliederung alternative Ausdrücke, sei es aufgrund Ihrer Vorkenntnisse oder mit Hilfe des Wörterbuchs

(vgl. **Checkliste 12**). Ausgenommen sind natürlich zentrale Fachwörter und Begriffe, deren Bedeutung durch „Ersatzwörter" oder Umschreibungen nicht exakt wiedergegeben werden kann, oder auch wenige kurze und besonders prägnante Zitate, die Sie aber in der Regel mit eigenen Worten erläutern müssen.

- Die alternativen Wörter und Wendungen können Sie sowohl vor der Niederschrift Ihrer Lösung notieren als auch während des Schreibens ermitteln. Auch bei der Überprüfung und Korrektur des Textes lassen sich sprachliche Verbesserungen vornehmen.

Text schreiben und überarbeiten

- Sie können nun anhand Ihrer Gliederung einen ersten Entwurf der Aufgabenlösung auf Konzeptpapier darstellen.
- In einem zweiten Schritt können Sie diesen Entwurf überarbeiten (z. B. Umstellungen vornehmen, Wiederholungen streichen, Ergänzungen einfügen) und mit Hilfe des Wörterbuchs korrigieren.
- Möglicherweise sind Sie sich aber so sicher, dass Sie die „Endfassung" anhand der Gliederung sofort in Reinschrift erstellen und so Arbeitszeit einsparen.
- Es ist auch denkbar, dass Sie nur den Anfang der Lösung auf Konzeptpapier darstellen, ihn dann aber in Reinschrift übertragen und den Text in Reinschrift zu Ende schreiben.
- Bevor Sie die nächste Teilaufgabe (*analysis*) bearbeiten, lesen Sie Ihren Text sorgfältig durch, um notwendige Änderungen und Korrekturen vorzunehmen.

Text sinnvoll gliedern

Um den Ausgangstext möglichst klar zu erfassen, verwenden Sie Ordnungszahlen, Adverbien und entsprechende Ihren Text gliedernde Formulierungen. Nutzen Sie diese Möglichkeit auch sinngemäß bei der Textanalyse, Stellungnahme und Textproduktion (vgl. auch **Checkliste 14**). Schreiben Sie Ihren Text nicht in einem Block, sondern machen Sie Absätze, um den Text entsprechend den wesentlichen Sinnabschnitten auch äußerlich zu gliedern. Dies gehört zur leserfreundlichen Texterstellung.

Wortschatz

Gliederungsvokabeln und -formulierungen

- At the beginning of the text …/At first the author deals with the problem of …
- He/she begins with …

- Then ... After that he/she ...
- The author then presents .../writes about ... describes ... supports his argument by ...
- In the first, second, third, fourth ... paragraph/ stanza the author/writer/poet ...
- He/she also informs about .../ ... informs about the conflict, too.
- He/she not only ... but also ...
- Moreover, the author ...
- On the one hand ... on the other hand ...
- Finally/eventually the author ...
- At the end of the text ...

7. Wie analysiere ich einen Text (*Analysis*)?

Während bei der Teilaufgabe *Comprehension* das Verständnis des Textinhalts im Mittelpunkt steht, müssen Sie bei der Teilaufgabe *Analysis* insbesondere formale und sprachliche Aspekte des Ausgangstextes (vgl. die **Checklisten 15–24**) untersuchen.

Form und Sprache untersuchen

- Dabei wird erwartet, dass Sie die formalen und sprachlichen Textelemente nicht isoliert betrachten, sondern stets in ihrer Funktion, das heißt bezogen auf den Inhalt bzw. die Aussage des Textes, die Intention des Autors oder die Wirkung auf den Leser, Hörer, Zuschauer.
- Sie sollen erarbeiten, inwiefern der Stil eines Zeitungsberichts oder Kommentars dazu beiträgt, den Leser zu informieren bzw. zu überzeugen.
- Sie sollen analysieren, wie Form und poetische Mittel eines Gedichts (z. B. eines Sonetts) oder Liedes (z. B eines Protestsongs) zur Verstärkung oder Veranschaulichung der Aussage beitragen.
- Es wird erwartet, dass Sie herausarbeiten, inwieweit die Struktur oder gedankliche Entwicklung eines Textes zur Klarheit der Darstellung beiträgt.
- Sie sollen analysieren, ob die rhetorischen Mittel einer politischen Rede eher zur Überzeugung oder Überredung der Zuhörer bzw. Zuschauer beitragen.
- Es wird erwartet, dass Sie die Wirkung filmischer Mittel in einem Filmausschnitt im Zusammenhang mit der Handlung oder Charakterisierung der Personen analysieren.

Schreibprozess:

Bevor Sie die Ergebnisse Ihrer Analyse darstellen, beachten Sie die Phasen des Schreibprozesses (vgl. **Checkliste 5**), insbesondere die folgenden Punkte:

Markieren/unterstreichen

- Markieren oder unterstreichen Sie die formalen bzw. sprachlichen Textmerkmale und Textelemente und ordnen Sie sie den entsprechenden Fachbegriffen (z. B. Vergleich, Metapher, Übertreibung) zu. Es empfiehlt sich, die Mittel, die zur Veranschaulichung beitragen, getrennt von den Textelementen zusammenzustellen, die zur Verstärkung und Hervorhebung dienen.

Gliederung

- Entwerfen Sie eine Gliederung. Um Ihren Text für den Leser interessanter zu gestalten, sollten Sie – in steigernder Weise – die weniger häufig auftretenden bzw. weniger bedeutsamen Mittel zuerst erwähnen bis hin zu den dominanten und besonders wirkungsvollen Elementen. Überlegen Sie einen Einleitungssatz, der die Brücke zur ersten Teilaufgabe schlägt (zum Beispiel durch den Hinweis auf die Intention des Autors, der bestimmte sprachliche Elemente zur Verstärkung seiner Aussage verwendet). Denken Sie auch an einen Schlusssatz, der zur nächsten Teilaufgabe überleitet, zum Beispiel dadurch, dass Sie ein dominantes Stilmittel wie Ironie erwähnen, um zur kritischen Stellungnahme überzuleiten.
- Belegen Sie Ihre Aussagen stets mit Textbeispielen und beachten Sie dabei die Zitiertechnik (vgl. **Checkliste 13**).
- Eigene Meinungen und Wertungen sind bei der Textanalyse nicht erlaubt.

Entwurf/Reinschrift

- Schreiben Sie den ersten Entwurf Ihrer Aufgabenlösung auf Konzeptpapier, überarbeiten Sie den Entwurf und schreiben ihn in Reinschrift. Auch hier können Sie Zeit sparen, wenn Sie sich sicher fühlen, und die Reinschrift zum Teil oder vollständig sofort anhand der Gliederung erstellen.

Korrektur

- Überprüfen Sie Ihre Aufgabenlösung inhaltlich und sprachlich. Tilgen Sie zum Beispiel Wiederholungen. Ersetzen Sie einzelne Wörter durch treffendere Ausdrücke. Achten Sie auf den Satzbau, die Satzverknüpfung und sinnvolle Absätze. Ziehen Sie im Zweifel das Wörterbuch zu Rate (vgl. **Checkliste 12**).

Um die äußere Form (z. B. Aufteilung in Abschnitte) oder die Struktur (den Gedankengang) eines Textes angemessen wiederzugeben, benutzen Sie ein entsprechendes Vokabular:

Wortschatz

Vokabular zu Form bzw. Struktur eines Textes

- The text divides/falls into … three units/sections/parts/paragraphs …
- The author/writer begins/starts with …
- At first/At the beginning …
- In the first/second … part of the text he/she …
- Then … After that … Moreover, … Furthermore …

- In additition to that ...
- He/she then supports his argument by ...
- He/she draws the conclusion that ...
- Finally/Eventually he/she ...
- At the end of the text ...

Bei der Analyse von Satzbau und Stil eines Ausgangstextes müssen Sie stets die Funktion dieser Mittel herausarbeiten sowie die entsprechenden Begriffe verwenden.

Wortschatz

Vokabular zu Satzbau und Stil

- The author uses long/short sentences in order to ...
- He/she employs a lot of main clauses/different subordinate clauses to...
- He/she makes use of formal/colloquial/technical/scientific/religious ... words/terms such as ...
- The text contains dialect words, Americanisms, journalese, slang, vulgar/abusive language, e. g. ...
- His/her style is plain and simple/clear/matter-of-fact/precise/concise/vivid, fluent ...
- His/her style is lengthy/long-winded/obscure/clumsy, cliché-ridden ...
- The text is written in a humorous/ironical ... style
- The author makes use of anaphora (Wiederholung einzelner oder mehrerer Wörter am Anfang aufeinander folgender Sätze oder Verse), repetition, comparison, parallelism (aufeinander folgende gleichgebaute Sätze), hyperbole (exaggeration), understatement, euphemism ...
- He/she uses metaphorical language/metaphors, imagery to convey a vivid impression of ...

Zur Sprachanalyse eines Ausgangstexts sind je nach Textsorte (z. B. Romanauszug, Gedicht, Filmausschnitt) spezifische Fachtermini erforderlich (vgl. die **Checklisten 15–24**).

8. Wie löse ich die Teilaufgabe zu *Evaluation/Comment* bzw. eine produktionsorientierte Gestaltungsaufgabe ((*re-*)*creation of text*)?

Schwerpunkt dieser Teilaufgabe ist die abschließende Bewertung und Auswertung der textanalytischen Arbeitsergebnisse, entweder in der Form einer Stellungnahme (*comment*) oder als produktionsorientierte Gestaltung ((*re-*)*creation of text*).

1. Stellungnahme (*comment*)

Während bei den ersten beiden Teilaufgaben (*comprehension* und *analysis*) von Ihnen erwartet wird, dass Sie sich mit Inhalt, Form und Sprache des Ausgangstextes sachlich auseinandersetzen, haben Sie nun die Gelegenheit, Ihre persönlichen Meinungen und Wertungen einzubringen, zum Beispiel durch

Eigene Meinung/ Wertung

- eine begründete Stellungnahme zum Ausgangstext
- die Einordnung zentraler Textaussagen oder des gesamten Textes in erweiterte Zusammenhänge
- die Wertung einzelner Thesen, die im Ausgangstext formuliert werden
- die Beurteilung der Qualität des Ausgangstextes
- die Beurteilung der Angemessenheit, Schlüssigkeit, Überzeugungskraft usw. des Ausgangstextes.

Ihre Stellungnahme sollte wie folgt aufgebaut sein:

1. Bezug zum Ausgangsstext
2. Darstellung Ihrer Position und Begründung/Argumentation
3. Schlussfolgerung

Folgende Formulierungen können zu einer klaren Darstellung Ihrer Auffassung beitragen:

Wortschatz

1. Bezug zum Ausgangstext

- The author states/underlines/believes that …
- According to the text/article/comment … the problem is that …
- The speaker holds the view that …
- As we know from the text/speech …, lines 12–14 …

2. Darstellung Ihrer Position und Begründung/ Argumentation

- In my opinion/view ...
- I (do not) think/believe that ... because/since
- I would (not) say that ...
- I cannot agree with ...
- I am doubtful whether ...
- In contrast to ...
- I am certain/convinced that ...
- One reason is that ...
- Another argument is ...
- Whereas the author believes that ... I would say that .../I am convinced that ... because ...
- Not only ... but also ...
- On the one hand ... on the other hand ...
- Possibly, obviously, certainly ...
- Nevertheless ...
- Although ...
- Due to ...
- Above all I think that ...

3. Schlussfolgerung

- As a result ...
- To sum (it all) up .../To summarize ...
- I have come to the conclusion that .../ Consequently .../Thus ...
- Therefore I would say/do not think that/cannot agree with ...
- That is why I would support the view that ...
- In short I would say that .../In brief ...

2. Produktionsorientierte Gestaltungsaufgabe ((*re-*)*creation of text*)

Diese Aufgabenstellung ist eine eigenständige Form der *evaluation* des Ausgangstextes. Das heißt, entsprechend der jeweiligen Aufgabenstellung haben Sie hier die Gelegenheit, einen eigenen Text in Orientierung an einer bestimmten Textsorte (z. B. Leserbrief) zu verfassen, der sich wertend und auswertend auf den Ausgangstext und die bei der Textanalyse erzielten Arbeitsergebnisse bezieht.
Solche Aufgaben sind zum Beispiel:

Mögliche Aufgabenarten

- die Vermittlung einer im Ausgangstext dargestellten Handlung oder eines Geschehens aus einer anderen Perspektive
- die Umgestaltung oder Weiterführung einer Handlung bzw. eines Geschehens
- das Verfassen eines Interviews
- die Gestaltung eines Dialogs oder einer dramatischen Szene im Anschluss an den Ausgangstext
- das Schreiben eines Leserbriefs
- das Verfassen einer Gegenrede
- das Verfassen einer Filmkritik

Auch hier gilt es, die Phasen des Schreibprozesses (vgl. **Checkliste 5**) zu beachten, wobei der Bezug zum Ausgangstext gewahrt bleiben muss. Sie können dabei auf Ihre Lösungen der ersten beiden Teilaufgaben zurückgreifen und auch durch *brainstorming* Ideen für die Gestaltungsaufgabe gewinnen. Vor allem beachten Sie die wesentlichen Merkmale der verlangten Textsorte. Dabei können Sie sich auch an den **Checklisten 15–19** und **23–24** orientieren.

9. Wie analysiere ich bildliche und statistische Darstellungen?

Bei der Aufgabenart B 1 werden Ihnen ein Text sowie ein bis zwei bildliche bzw. statistische Darstellungen vorgelegt, die mit dem Ausgangstext thematisch verbunden sind. Sie müssen also sowohl einen Text als auch bildliche bzw. statistische Darstellungen inhaltlich und formal erfassen. Falls danach gefragt wird, äußern Sie im Anschluss an die Bildanalyse Ihre Meinung, z. B. zur Notwendigkeit, Angemessenheit oder Wirkung der bildlichen Darstellung.

1. Bilder und Cartoons

Die Beschreibung des vorgelegten Bildes, insbesondere Fotos oder Cartoons, ist kein Selbstzweck, sondern steht mit dem Ausgangstext in einem thematischen oder problemorientierten Zusammenhang, zumindest in seriösen Zeitungen und Magazinen. Hier können z. B. Pressefotos zur Verdeutlichung bzw. Veranschaulichung des zentralen Problems eines Zeitungsartikels beitragen. Im Unterschied dazu versucht die Boulevardpresse eher durch sensationelle oder skandalträchtige Fotos Käufer anzulocken.

Lesen der Aufgabenstellung

- Lesen Sie die Aufgabenstellung genau durch, um zu ermitteln, in welchem Zusammenhang mit dem Ausgangstext und wie genau das Bild oder der Cartoon analysiert werden soll.

Quelle nennen

- Nennen Sie die Quelle (Zeitung, Magazin, Internet) des Fotos, gegebenenfalls auch den Fotografen oder die Presseagentur

Beschreiben

- Beschreiben Sie dann, was dargestellt ist.
- Geben Sie an, welche Intention bzw. Wirkung mit dem Bild oder dem Cartoon verfolgt wird. Bilder und Fotos können zum Beispiel zur Veranschaulichung eines Geschehens, von Personen und deren Handlungen dienen, die im Ausgangstext bedeutsam sind. Sie können aber auch künstlerisch, kontrastiv oder kritisch wirken. Dies gilt vor allem für Cartoons, mit denen in karikierender oder auch satirischer Weise Missstände aufgezeigt und kritisiert werden.

Texterstellung

- Beachten Sie den Schreibprozess. Das heißt:

1. Notieren Sie zunächst die der Aufgabenstellung entsprechenden wesentlichen Inhalte sowie die Intention und Wirkung des Bildes.
2. Überlegen Sie eine sinnvolle Gliederung der Bildanalyse. Hierfür gibt es kein Patentrezept; denn die Reihenfolge hängt davon ab, wie komplex die bildliche Darstellung ist. Es empfiehlt sich, vom Gesamteindruck auszugehen und dann zu entscheiden, ob zunächst der Hintergrund dargestellt wird und dann die zentrale Darstellung (einer oder mehrerer Personen, eines Geschehens, Ortes oder Gegenstands) oder sofort das zentral Dargestellte und dann die Einbettung in das (weniger komplexe) Umfeld. Außerdem ist zu überlegen, wann Sie auf eventuelle Sprech- und Denkblasen eingehen sowie auf die Bildunterschrift (*caption*).
3. Schreiben Sie erst dann einen ersten Entwurf, den Sie überarbeiten und anschließend an geeigneter Stelle in den Text Ihrer Aufgabenlösung integrieren. Dazu benötigen Sie entsprechende Wörter und Wendungen (vgl. **Checkliste 21**).

2. Grafiken und Statistiken

Grafiken und Statistiken werden in der Regel mit Sach- und Gebrauchstexten verbunden, um Informationen zu veranschaulichen und zu belegen. Vorausgesetzt wird, dass Sie verschiedene Formen grafischer und statistischer Darstellung kennen sowie die entsprechenden Fachbegriffe (vgl. **Checkliste 22**).

- Lesen Sie zunächst die Aufgabenstellung genau durch, um zu ermitteln, worauf Sie bei der Analyse der Grafik oder Statistik besonders achten müssen.
- Notieren Sie die relevanten grafisch bzw. statistisch vermittelten Informationen und deren Bedeutung für die entsprechenden Aussagen im Ausgangstext.
- Überlegen Sie, an welcher Stelle Ihrer Aufgabenlösung Sie auf die Auswertung der Grafik bzw. Statistik eingehen und vermerken Sie es in der Gliederung.
- Entwerfen Sie diesen Teiltext auf Ihr Konzeptpapier oder schreiben Sie ihn an der vorgesehenen Stelle direkt in Reinschrift.
- Vergessen Sie die abschließende Überprüfung und Korrektur Ihres Textes nicht.

10. Wie analysiere ich einen Filmausschnitt?

Bereits vor dem Abitur haben Sie Spielfilme, eventuell auch Dokumentarfilme nicht nur inhaltlich im Unterricht besprochen, sondern auch die wesentlichen filmischen Mittel analysiert, durch die Handlung, Personen, Orte usw. dem Zuschauer präsentiert werden.

Der zu analysierende Filmausschnitt ist etwa 3–4 Minuten lang und wird mit einem thematisch verwandten Text, z. B. einer Filmbesprechung oder Filmkritik (*review*), kombiniert.

Die erste Teilaufgabe richtet sich in der Regel auf die Überprüfung des Textverständnisses (*comprehension*), die zweite auf die inhaltliche und filmsprachliche Analyse des Filmausschnitts (*analysis*), die dritte verlangt Ihre Stellungnahme (*evaluation/comment*) oder gibt Ihnen die Gelegenheit, Ihre Meinung und Auswertung in Form eines bestimmten Textformats (z. B. einer Filmkritik, eines Briefes an den Regisseur oder die Hauptdarstellerin) darzustellen. Dabei wird die Kenntnis wesentlicher filmsprachlicher Begriffe (vgl. **Checkliste 23**) vorausgesetzt.

Der Filmausschnitt wird Ihnen dreimal vorgeführt. Dabei müssen Sie sich an die folgenden Arbeitsphasen halten:

Ausschnitt ansehen

- 1. Phase: Sie schauen sich den Filmausschnitt an, dürfen aber noch keine Notizen machen. Das Ziel ist, Ihnen zu ermöglichen einen globalen Eindruck zu gewinnen. Versuchen Sie aber bereits Thema bzw. Problem zu erfassen, einen Überblick über die dargestellte Handlung und einen ersten Eindruck von den Personen zu gewinnen. Achten Sie schon auf die filmischen Mittel, die laut Aufgabenstellung zu analysieren sind, z. B. die Kameraführung, Licht und Ton oder Filmschnitt.

Notizen machen

- 2. Phase: Während der zweiten Filmpräsentation dürfen Sie erste Notizen machen. Notieren Sie nur die für die Aufgabenlösung relevanten Aspekte und Schlüsselwörter, sowie einige für das Verstehen des Filmausschnitts wichtige und Ihnen unbekannte Ausdrücke, deren Bedeutung nicht aus der Filmhandlung ersichtlich ist und die Sie später mit Hilfe des Wörterbuchs zu ermitteln versuchen. Verlieren Sie sich aber nicht in Details.

Notizen ergänzen

- 3. Phase: Beim dritten Anschauen des Filmausschnitts dürfen Sie weitere Notizen machen, die Ihre bisher notierten Erkenntnisse ergänzen bzw. differenzieren.

Es ist sehr hilfreich, wenn Sie auf Ihrem Konzeptpapier Ihre Beobachtungen je nach der Aufgabenstellung in Rubriken eintragen, zum Beispiel bezogen auf den Anfang des Films *Erin Brockovich*:

What is shown and can be heard?	How is it presented?	What does it mean?
Dark screen and the doctor's first question: "Um ... you have no actual medical training ?“	off-screen voice	astonishment, not really interested
An attractive woman applying for a job trying to convince the doctor by her statements which prove that she is not qualified for the job	close-up shot of her face, facial play frequent medium shot and close-up to draw attention to her gestures and facial expression	attractive, interested, desparately trying to get the job contrast between the applicant's commitment and the doctor's irritation
The doctor behind his desk looking at a sheet of paper listening to the eloquent applicant	reverse-angle shot during the "talk"	
	close-up of the protagonist to show her reaction to the doctor's behaviour	refusal and disappointment
	straight cut	abrupt end of the talk

Ihre Notizen in dem Beobachtungsbogen entsprechen dem Unterstreichen und Markieren bei der Textanalyse. Sie sollten sich also wiederum an den Phasen des Schreibprozesses (**Checkliste 5**) orientieren.

Text erstellen

- Entwerfen Sie anhand der Notizen eine Gliederung der Aufgabenlösung.
- Schreiben Sie der Gliederung entsprechend Ihren ersten Lösungsentwurf. Dabei müssen die in das Raster eingetragenen Satzteile und Stichworte in vollständigen Sätze ausformuliert werden. Nutzen Sie das

Wörterbuch, um Stilmängel und Fehler zu korrigieren (**Checkliste 12**).
- Wenn Sie sich bei der Texterstellung sehr sicher fühlen, können Sie Ihre Lösung auch schon zum Teil oder vollständig in Reinschrift niederschreiben.
- Abschließend müssen Sie Ihren Text insbesondere im Hinblick auf seine Folgerichtigkeit, die Satzverknüpfung, Aufteilung in Sinnabschnitte und Vermeidung von Wiederholungen überprüfen und mit Hilfe des Wörterbuchs Fehler korrigieren.

Stellungnahme zum Filmausschnitt

Es ist auch möglich, dass Sie im Rahmen der dritten Teilaufgabe (*Evaluation/Comment*) zum Filmausschnitt persönlich Stellung nehmen müssen.
- Das obige Raster sollten Sie dann um die Frage ergänzen: What does it mean to me ?
- Notieren Sie Ihre Ideen und Argumente in Stichworten.
- Ordnen bzw. nummerieren Sie die Stichworte so, dass eine schlüssige Reihenfolge entsteht.
- Schreiben Sie den ersten Entwurf Ihrer Stellungnahme vollständig oder zum Teil (etwa den Anfang) auf Konzeptpapier und überprüfen Sie Stil, Fachbegriffe, Grammatik und Rechtschreibung. Ziehen Sie das Wörterbuch zu Rate.
- Übertragen Sie den korrigierten Text in Reinschrift und nehmen Sie letzte Verbesserungen vor.
- Es ist denkbar, dass Sie Ihre Lösung sofort in Reinschrift darstellen. Die Überprüfung und Korrektur des Textes ist aber stets erforderlich.

Vergleich

Wird ein Vergleich zwischen dem Filmausschnitt und dem entsprechenden Teil des Drehbuchs oder ein Vergleich mit dem verfilmten literarischen Text, z. B. dem entsprechenden Roman- oder Dramenausschnitt, verlangt, müssen Sie die Gemeinsamkeiten und Unterschiede herausarbeiten, insbesondere Abweichungen vom Drehbuch bzw. bezogen auf die literarische Vorlage Kürzungen, Erweiterungen und Auslassungen im Film (vgl. **Checkliste 23**).

Verfassen einer Filmkritik

Wird eine produktionsorientierte Aufgabe gestellt, zum Beispiel das Verfassen einer Filmkritik (*review*), müssen Sie Ihre Auswertung und Wertung des Filmausschnitts im Rahmen der verlangten Textsorte (vgl. **Checkliste 24**) darstellen.

11. Wie ermittle ich die Bedeutung eines Wortes ohne Wörterbuch?

Bevor Sie zum Wörterbuch greifen, um die Bedeutung Ihnen unbekannt erscheinender Wörter und Wendungen zu ermitteln, überlegen Sie, ob Sie die Wortbedeutung nicht bereits in zeitsparender Weise ohne Wörterbuch ermitteln können. Die folgenden Möglichkeiten sollten Ihnen schon vor der Abiturklausur vertraut sein:

- Die Wortbedeutung lässt sich aus dem Textzusammenhang (Kontext) erschließen.
- Die Bedeutung international verbreiteter Wörter ist Ihnen häufig unmittelbar bekannt, z. B. *television.*
- Der Vergleich mit der Muttersprache auf Grund der ähnlichen Schreibung eines Wortes wie *mask*/Maske ermöglicht es, die Bedeutung sofort zu erfassen.
- Die Kenntnis von Fremdwörtern wie *indication*/Indikation erleichtert die Erschließung der Wortbedeutung.
- Auch Fremdsprachenkenntnisse sind hilfreich, z. B. *cover*/frz. couvrir.
- Die Kenntnis der Wortfamilie, z. B. des Substantivs *smoke*, ermöglicht es die Bedeutung des Adjektivs *smoky* zu erfassen.
- Hilfreich ist auch die Kenntnis, dass Wörter von anderen Wörtern abgeleitet sind (z. B. *neighbouring* von *neighbour*), dass es sich um eine Präfixbildung mit z. B. verneinender Bedeutung wie etwa bei *uncontrolled* handelt oder dass eine Wortzusammensetzung vorliegt, deren Bestandteile Ihnen bekannt sind (z. B. *hardest-hit*).

Sollten Sie aber in Einzelfällen Zweifel haben, dass Ihre Bedeutungserschließung richtig ist, überprüfen Sie Ihr Ergebnis sicherheitshalber mit dem Wörterbuch.

12. Wie verwende ich ein einsprachiges Wörterbuch möglichst effektiv?

Das einsprachige Wörterbuch sollten Sie schon vor dem Abitur regelmäßig benutzt haben. Dann sind Ihnen die vielfältigen Möglichkeiten vertraut, die es bietet, um Texte zu verstehen, zu analysieren und zu verfassen. Insbesondere die Abkürzungen und Symbole, die in den Eintragungen des Wörterbuchs enthalten sind und am Anfang des Wörterbuchs bzw. im Buchdeckel erklärt werden, helfen Ihnen, die gewünschten Informationen zielsicher und zeitsparend zu entnehmen.

Wichtige Bereiche, über die das einsprachige Wörterbuch informiert

1. Texte verstehen und analysieren

- Angabe der Bedeutungen und Bedeutungsvarianten Ihnen unbekannter Wörter und Wendungen einschließlich der Ableitungen und Komposita

  Wenn Sie die Bedeutung eines im Ausgangstext enthaltenen Wortes oder einer Wendung ermitteln wollen, dürfen Sie nicht immer sofort die erste Eintragung übernehmen. Im Englischen sind Wörter häufig mehrdeutig. Deshalb muss geprüft werden, ob nicht eine der folgenden Bedeutungsangaben eher zutrifft.

- Angabe der Wortart: *noun, verb, adjective, adverb, pronoun, preposition, conjunction.* Dabei ist die Kenntnis unterschiedlicher Konjunktionen für einen variablen Satzbau und die Satzverknüpfung besonders wichtig.

- Angaben zur Stilebene eines Wortes oder einer Wendung: *formal* (z. B. withhold), *informal* (z. B. *be in a jam*), *colloquial, written/spoken, technical* (auch mit Angabe des Fachgebiets, z. B. Ökonomie bei *trad(e)able*), *humorous, literary, figurative, ironic, offensive* (z. B. Negro, mulatto), *taboo* (z. B. bloody, shit)

- Sprachvarianten eines Ausdrucks, z. B. *dialect, sociolect, slang, British* or *American English* (z. B. lift or elevator), *Australian/Canadian/Irish/Indian/ South African English*

- Idiomatische Redewendungen, Sprichwörter (*proverbs*) und Redensarten (*sayings*)

- Wortgruppen, z. B. *phrasal verbs* (*get ahead, get on, get down, get off* usw.)
- Selten gebrauchte Wörter (*rare words*, z. B. *illumine* statt *illuminate*) und veraltete Wörter (*obsolete words*)
- Hilfreich sind auch bildliche Darstellungen, die eine konkrete Vorstellung des mit einem Wort bezeichneten Gegenstands ermöglichen.
- Ziehen Sie bei Bedarf die im Wörterbuch enthaltenen Anhänge zu geographischen Namen bzw. Personennamen, zum Gebrauch von Zahlen, Datums- und Altersangaben, Maßeinheiten, Abkürzungen sowie Landkarten zu Rate.

2. Texte schreiben und korrigieren

Um möglichst fehlerfreie Texte zu schreiben, ist die Benutzung des Wörterbuchs notwendig. Es enthält zahlreiche Hilfen, die Sie im Laufe des Schreibens und bei der Überprüfung und Korrektur Ihres Textes dem Wörterbuch entnehmen können, und zwar insbesondere im Hinblick auf die Wortwahl, die stilistische Angemessenheit, die grammatikalische Richtigkeit, die Rechtschreibung und Zeichensetzung.

- Um Wortwiederholungen zu vermeiden und Ihren sprachlichen Ausdruck variabel zu gestalten, verwenden Sie im Wörterbuch angegebene Alternativen wie Synonyme, Antonyme, das Verb oder Adjektiv anstelle des Substantivs oder umgekehrt, Wortableitungen und Wortzusammensetzungen. Beachten Sie dabei die angeführten Einschränkungen und Querverweise zu anderen Eintragungen.
- Beachten Sie die Hinweise zur Bedeutungsdifferenzierung sowie zum Wortgebrauch unter NOTE und die Warnungen vor englischen Wörtern, die vom Deutschen her naheliegen, aber im Englischen anders gebraucht werden, den sogenannten *false friends*.
- Einsprachige Wörterbücher enthalten manchmal auch *study pages* bzw. Anhänge und NOTES zur Wortbildung und zum treffenden bzw. richtigen Wortgebrauch (z. B. zum Unterschied von *actual, current* und *present*).

- Es können sogar konkrete Beispiele zum formal richtigen Verfassen bestimmter Textarten (persönliche bzw. formelle Briefe, E-Mails und Bewerbungsunterlagen) enthalten sein.
- Besonders hilfreich sind Beispielsätze zu einzelnen Wörtern, die Sie eventuell direkt oder abgewandelt übernehmen können.
- Um Grammatikfehler zu vermeiden, achten Sie auf die im Wörterbuch enthaltenen Hinweise zum Wortgebrauch, z. B. den transitiven bzw. intransitiven Gebrauch von Verben (das heißt mit bzw. ohne Objekt), die Steigerung von Adjektiven, die Verwendung des Substantivs mit oder ohne Pluralbildung, z. B. auch Singularform mit Pluralbedeutung (*advice* = Ratschläge; *a piece of advice* = Ratschlag), die Verwendung von Präpositionen bei Verben, Adjektiven und Substantiven, den Substantivgebrauch mit bzw. ohne Artikel.
- Im Wörterbuch ist manchmal auch eine Übersicht über die wichtigsten grammatikalischen Phänomene enthalten, insbesondere eine Liste mit den *irregular verbs* oder den *modal verbs*.
- Die unter **1.** angeführten Hinweise zu Stil, Sprachvarianten und Wörterbuchanhang können Ihnen selbstverständlich auch beim Schreiben Ihres Textes nützlich sein.
- Im Zweifel müssen Sie das Wörterbuch zur Überprüfung der Rechtschreibung heranziehen. Es kann auch einen Anhang zur korrekten Zeichensetzung enthalten.
- Da im Englischen die Silbentrennung Ihnen unnötige Schwierigkeiten machen kann, vermeiden Sie es, Wörter überhaupt zu trennen.
- Die für den mündlichen Sprachgebrauch besonders wichtigen Angaben zur Aussprache und Betonung der Wörter können im Rahmen des schriftlichen Abiturs ausgeklammert werden.
- Ziehen Sie falls erforderlich auch die im Wörterbuchanhang enthaltenen Übersichten zur korrekten Angabe von Zahlen, Daten, Alter, Maßen und Gewichten zu Rate.

Es ist selbstverständlich, dass Sie in der zur Verfügung stehenden begrenzten Arbeitszeit das einsprachige Wörterbuch nicht so intensiv nutzen können wie zuvor z. B. bei den Hausaufgaben. Wenn Sie aber mit Ihrem Wörterbuch schon längere Zeit vertraut sind, werden Sie die gesuchten Informationen recht schnell finden.

Es empfiehlt sich, mit dem Wörterbuch zielstrebig und zeitsparend umzugehen und es nicht bei jeder Unsicherheit heranzuziehen. So manche Unsicherheit lässt sich umgehen und Zeit sparen, wenn Sie hin und wieder einen alternativen sprachlichen Ausdruck verwenden bzw. einen einfacheren Satz formulieren. Beschränken Sie den Wörterbuchgebrauch möglichst darauf, nur die für das Textverständnis und die Texterstellung einschließlich der Korrektur besonders wichtigen Informationen nachzuschlagen.

13. Was muss ich beachten, wenn ich aus dem Ausgangstext zitiere?

Bei der Erarbeitung der ersten Teilaufgabe (*Comprehension*) ist es in der Regel nicht üblich, aus dem Ausgangstext zu zitieren. Denn die Aufgabenlösung soll mit eigenen Worten dargestellt werden. Im Ausgangstext enthaltene Namen, Fachbegriffe, Zahlen usw. müssen selbstverständlich übernommen werden, um ein genaues Textverständnis nachzuweisen.

Es kann aber zu einer möglichst klaren und markanten Darstellung beitragen, wenn Sie wenige, besonders prägnante und kurze Textformulierungen in Anführungsstrichen zitieren und dann mit eigenen Worten erläutern.

In der Regel müssen Sie bei der Erarbeitung der zweiten Teilaufgabe (*Analysis*) die Ergebnisse Ihrer Arbeit belegen und zum Beispiel die laut Aufgabenstellung zu ermittelnden sprachlichen Textelemente wie rhetorische Figuren, poetische Mittel und stilistische Merkmale begrifflich benennen und durch Textbeispiele belegen (vgl. **Checkliste 15–20**).

Beachten Sie die folgenden Zitiertechniken:

- Zitate müssen durch Anführungsstriche oben gekennzeichnet sein.
- Sie sollten möglichst in die von Ihnen formulierten Sätze grammatikalisch korrekt integriert werden, so dass ein fortlaufender Text entsteht.
- Am Ende des Zitats muss die Textstelle angegeben werden, an der es zu finden ist.

Dabei sind die folgenden Abkürzungen zu verwenden:

- p. 10 bzw. l. 20 (one page or one line), pp. 2–3 oder ll. 2–4 (more than one page or line)
- pp. 10 f. (page 10 and the following page), ll. 2 f. (line 2 and the following line)
- pp. 10 ff. (page 10 and the following pages), ll. 2 ff. (line 2 and the following lines) or pp. 10–12, ll. 2–4

Beispiele

- Beispiel bezogen auf die erste Teilaufgabe (Comprehension): The speaker demands to establish "an environment of lifelong learning" (l. 54), which means …
- Beispiel für die zweite Teilaufgabe (Analysis): He uses several rhetorical devices in order to underscore his view such as alliteration (l. 1 "life long learning"), antithesis (ll. 10f, "small but important").

Wenn Sie einen Satz nur teilweise zitieren, müssen **Auslassungen** durch drei Punkte in Klammern gekennzeichnet werden. Beispiel: He believes that "the American dream (…) is endangered." (p. 2, l. 12)

14. Was sollte ich beim Verfassen von Texten beachten?

Ihre Aufgabenlösungen müssen klar aufgebaut, sprachlich der jeweiligen Aufgabe angemessen und stilistisch möglichst variabel sein. Beachten Sie deshalb die folgenden Hinweise:

1. Aufbau der Aufgabenlösung

Orientieren Sie sich prinzipiell an der Dreigliederung Einleitung, Hauptteil, Schluss. Denn so führen Sie mit einem Einleitungssatz zum Hauptteil, in dem Sie Ihre Arbeitsergebnisse darstellen, und schließen den Text mit einem kurzen zusammenfassenden Satz ab.

Versuchen Sie stets durch den Einleitungssatz und den Schlusssatz den Zusammenhang zwischen den Teilaufgaben herzustellen, so dass Ihre Klausur nicht aus unverbundenen Einzelteilen besteht, sondern einen zusammenhängenden Text darstellt, im Idealfall einen Essay.

Der Aufbau des Hauptteils der jeweiligen Teilaufgabe hängt von der Aufgabenstellung ab.

- Chronologische bzw. gedankliche Reihenfolge entsprechend dem Ausgangstext:

  Wird z. B. in der ersten Teilaufgabe (*Comprehension*) verlangt, dass Sie eine im Ausgangstext dargestellte historische Entwicklung mit eigenen Worten wiedergeben sollen, ist eine chronologische Darstellung sinnvoll.

  Auch den im Ausgangstext enthaltenen Gedankengang (*train of thought*) oder die Argumentation (*pro and con*) sollten Sie so darstellen, wie sie im Ausgangstext abfolgen.

  Dies gilt auch für literarische Texte, in denen eine gedankliche Entwicklung (z. B. im Sonett) oder ein Handlungsablauf (in einem Dramenausschnitt) dargestellt wird.

- Logisch entwickelnde Reihenfolge

  Wenn die erste Teilaufgabe darauf zielt, dass Sie dem Ausgangstext verschiedene Informationen zu einem Problem (z. B. des Umweltschutzes) entnehmen, auf das dort an verschiedenen Stellen eingegangen wird, müssen Sie für Ihre Darstellung eine eigene möglichst logische Reihenfolge überlegen.

Dies betrifft vor allem auch die in der zweiten bzw. dritten Teilaufgabe verlangte Darstellung der sprachlichen Textanalyse bzw. die Abfolge Ihrer Argumente in der Stellungnahme. Hier empfiehlt es sich, zunächst in Erwägung zu ziehen, ob die Orientierung an der „steigernden" Strukturierung „vom weniger Wichtigen zum besonders Wichtigen" oder „vom Allgemeinen zum Besonderen" (etwa Aussage und Beispiel, Behauptung und Begründung) Ihnen die Arbeit erleichtern und zu einer klaren und überzeugenden Darstellung führen kann. Dies sollte auch bei der Lösung der produktionsorientierten Aufgabe bedacht werden.

Zur klaren Strukturierung Ihres Textes benötigen Sie einen speziellen Wortschatz:

Wortschatz

Vokabular zur Strukturierung eines Textes

- Reihenfolge/Folgerung: to begin/start with; at first, secondly ... finally; next, then; not only but also; moreover; finally/eventually; to conclude with ..., to sum up ..., to summarize ..., as a result ...
- Begründung: because (of)/since, that is why; thus/therefore; due to, consequently
- Gegensatz: on the one hand ... on the other hand; whereas; however; but; in spite of; nevertheless; contrary to/in contrast to/with, unlike; (n)either ... (n)or
- zum Beispiel: for example/instance

2. Satzbau und Stil

Damit Ihre Aufgabenlösung gut lesbar ist, sollten Sie sich an dem englischen Stilideal *plain and simple* orientieren. Das heißt nicht, dass Ihre Darstellung sprachlich „flach" und „simpel" ist, sondern dass Ihr Schreibstil klar, begrifflich präzise und konkret ist und nicht zu abstrakt, umständlich und schwerfällig. Es ist auch „unenglisch", Schachtelsätze zu bilden und so das Textverstehen zu erschweren.

Versuchen Sie mit Hilfe des einsprachigen Wörterbuches und der Ihnen bekannten Fachbegriffe einen sprachlich präzisen und variablen Text zu verfassen. Vermeiden Sie lange Sätze und achten Sie darauf, dass kurze Sätze und

Satzgefüge (nicht mehr als zwei Nebensätze pro Hauptsatz) sich abwechseln.
Zu einem klaren Satzbau bzw. Stil tragen sowohl die oben genannten Strukturwörter bei als auch die folgenden Verbindungswörter.

Verbindungswörter

- Hinzufügung/Verstärkung: also, in addition, too, furthermore, above all
- Verdeutlichung: in other words, to put it another way
- Vergleich: compared to/with, in comparison with, you can't compare it with, equally, in the same way; as ... as; both ... and
- Einräumung/Bedingung: (al)though, however, besides, still, if, unless

Wortschatz

15. Sprachliche Voraussetzungen zur Bearbeitung von Sach- und Gebrauchstexten

Die Ihnen im Abitur vorgelegten Ausgangstexte sind vor allem Zeitungs- oder Zeitschriftenartikel, Ausschnitte aus Fachbüchern oder politische Reden.
Um Sach- und Gebrauchstexte angemessen zu bearbeiten, ist ein entsprechender Wortschatz erforderlich, den Sie sich bereits vor dem Abitur aneignen sollten.

Wortschatz zu journalistischen Texten (Nachrichten, Berichten, Kommentaren usw.)

1. Zeitung
journalist, correspondent, reporter, writer, author, editor
quality/popular/tabloid paper
daily/weekly/periodical/Sunday paper
page, front page
newspaper heading, subheading
headline, line, column, paragraph
initial letter, bold type, italics

2. Textarten und Sprache
news, news report, news story, leader (US editorial), comment, feature, essay, letter to the editor, cartoon, photo, caption, advertisement

journalese, long/short/simple/complex/incomplete sentences, exclamations, quotations, rhetorical questions

use of colloquial/formal/neutral, emotional language, abbreviations, comparisons, metaphors

3. Formulierungshilfen
The article presents interesting facts about .../The text is strictly factual
The author gives an objective account of/an impartial report on ...
He takes a detached view of .../appeals to the feelings of the reader
The writer mingles facts and comment/news and opinion
The style/manner of presentation is impersonal/committed

16. Sprachliche Voraussetzungen zur Analyse politischer Reden

Eine in Klausuren und auch im Abitur nicht selten zu erwartende Textsorte ist die politische Rede insbesondere eines amerikanischen Präsidenten, des britischen Premierministers oder eines anderen bedeutenden Politikers wie des Generalsekretärs der Vereinten Nationen oder eines australischen, indischen bzw. südafrikanischen Politikers.

In der Regel wird nur der Redetext bzw. ein Ausschnitt der Rede vorgelegt. Es ist aber auch möglich und wohl sinnvoller, die Rede als Hörtext oder Fernsehmitschnitt bzw. Film zu präsentieren, wobei auch akustisch bzw. visuell wichtige Eindrücke wie Lautstärke, Mimik, Gestik und die Reaktion der Zuhörer bzw. Zuschauer vermittelt werden.

Politische Reden zielen darauf ab, Zuhörer bzw. Zuschauer argumentativ zu überzeugen (*convince*), emotional zu überreden (*persuade*) oder gar manipulativ zu beeinflussen (*manipulate*). Mischformen sind die Regel.

Selbstverständlich sind politisch-soziale Kenntnisse und (u. a. historische) Hintergrundinformationen (z. B. zum *American dream*) erforderlich, um eine Rede inhaltlich angemessen zu erfassen und zu beurteilen. Diese Kenntnisse erwerben Sie im Unterricht und privat aufgrund Ihres Interesses an politischen Entwicklungen.

Um politische Redetexte formal und sprachlich angemessen zu analysieren, ist ein bestimmter Fachwortschatz erforderlich. Er wird hier entsprechend dem Aufbau der Rede geordnet:

Wortschatz

Politische Reden (*political speeches*)

1. A political speech generally starts with an introduction by which the speaker intends **to attract the audience's attention**, for example by

- making clear the purpose of the speech
- mentioning the topic and by emphasising its importance
- beginning with a question or a little story
- showing or referring to something related to the topic, such as an object, a photo, statistics, etc.

2. In the main part of the speech the speaker tries **to maintain the audience's attention**, for instance by

- forming rather short and clear sentences
- developing his/her thoughts and main points step by step
- backing up his/her main ideas/points with facts and background information
- suggesting what should be done to improve the situation or presenting solutions to the problem
- including personal experience, examples or a story to make his/her speech more lively, establish a "personal" relationship to become well-liked
- using rhetorical devices such as repetition, alliteration, comparisons, etc.

3. At the end of his/her speech the speaker may appeal again to the audience's intellect and/or emotions, for example by

- summing up his/her main ideas/arguments in one or two sentences
- briefly mentioning what the outlook might be
- asking the audience to support his view, ideas, programme, etc.

Einige nützliche Redewendungen:

- The speaker draws his/her audience's attention to …
- He/she informs about …
- He/she appeals to feelings and emotions by …
- He/she intends/tries to convince/persuade the audience by …
- The speaker tries to win the audience over to his side

Um die Rede besonders wirkungsvoll zu gestalten, verwenden Redner zahlreiche rhetorische Mittel. In der textanalytischen Arbeitsanweisung zu einer Abituraufgabe kann verlangt werden, dass Sie die Funktion der in einer Rede enthaltenen wichtigsten Redemittel untersuchen, und zwar im Hinblick auf die Intention des Redners bzw. die Wirkung auf die Zuhörer.

Die folgenden alternativen Formulierungen können Ihnen helfen, eine angemessene und stilistisch variable Analyse zu erstellen:

Wortschatz

Einige rhetorische Mittel (*rhetorical devices*)

- The speaker uses/employs/makes use of colloquial/current/common/formal/technical ... words/phrases/expressions/language/terms
- He/she alludes to/suggests that ...
- He/she draws a comparison/an analogy between ...
- He/she compares/contrasts A with B
- The speaker uses images/examples/metaphors/personification ... to convey a lively/vivid/graphic/impression
- He/she illustrates his/her argumentation by ...
- He/she repeats .../uses repetition/alliteration/analogies to underline/stress/underscore that ...
- He/she criticizes (sth in an ironical way)/attacks sb ... His/her criticism/irony is directed against/attacks ...

Sollte im Rahmen der produktionsorientierten Teilaufgabe verlangt werden, eine Gegenrede zur vorliegenden Rede zu verfassen, können Sie die Merkmale der Textsorte auch dieser Checkliste entnehmen und entsprechend verwenden.

17. Literarische Begriffe und Wendungen zur Analyse erzählerischer Texte

Wird Ihnen im Abitur ein erzählerischer (narrativer) literarischer Ausgangstext zur Interpretation vorgelegt, zum Beispiel ein Ausschnitt aus einem Roman, einer Kurzgeschichte oder Erzählung, benötigen Sie einen angemessenen Interpretationswortschatz. Die folgende Checkliste soll Ihnen dabei behilflich sein, wesentliche Aspekte narrativer Texte zu erfassen und darzustellen.

Wortschatz zu Erzählliteratur (narrative fiction)

1. **Erzähler (narrator) und Erzählperspektive (point of view)**

Wichtig: Verwechseln Sie nicht Autor (author) und Erzähler (narrator). Der Autor ist der Verfasser des Textes. Der Erzähler oder Narrator wird vom Autor erfunden. Er ist eine Figur oder Rolle, aus deren Perspektive die Geschichte erzählt wird.

Häufig sind vier Varianten:

- The **first-person narrator** is a character in the story. His/her point of view is **limited** to what he/she knows and experiences.
- The **third-person narrator** can be someone who knows everything about the characters and events in the story and can therefore be called **omniscient**. His/her point of view is **unlimited**.
- If the author makes the **third-person narrator** tell the story from one of the characters' point of view, his/her knowledge is also **limited** to what this character knows.
- The author can also decide that the narrator observes everything as an **observer-narrator** without knowing the thoughts and feelings of the characters.

Vor allem in modernen Romanen gibt es auch zwei andere Varianten:

- den inneren Monolog (**interior monologue**), das heißt die direkte Wiedergabe der Gedanken und Gefühle einer Figur in der ersten Person.

- den Bewusstseinsstrom (stream of consciousness), der den Gedankengang (*flow of thoughts*) einer Figur vermittelt.

2. Schauplatz und Atmosphäre (setting and atmosphere)

- Der Begriff **setting** umfasst **time, place, social background, etc.**
- Mit **atmosphere** ist die Stimmung gemeint, in die der Leser durch die Umgebung, das Geschehen, die Charaktere versetzt wird. *The atmosphere of a story can be joyful, pleasant, depressing, melancholic, violent, sinister …*

3. Handlung und Struktur (plot and structure)

- Traditionelle Handlungsstruktur:
  1. **exposition**: introduction of the theme/ problem, characters, place and time
  2. **rising action**: development of the conflict, increasing tension
  3. **climax/turning point**: the conflict reaches its greatest tension and the action begins to change towards the solution of the conflict
  4. **falling action**: the tension is reduced
  5. **solution/denouement**: the conflict is resolved (happy ending, surprise ending) or not resolved (**open ending**), which makes the reader reflect on what might happen after it.

4. Charaktere/Typen (characters/types)

- Komplex und differenziert dargestellte Personen sind **round characters**.
- Personen mit nur wenigen Eigenschaften werden **flat characters** oder **types** genannt.
- Hauptperson: **protagonist**, Nebenpersonen: **minor characters**

18. Literarische Begriffe und Wendungen zur Dramenanalyse

Wird Ihnen als Ausgangstext ein Ausschnitt aus einem Theaterstück vorgelegt, so brauchen Sie für eine angemessene Interpretation literarische Fachwörter.

Drama/play

1. Klassisches Drama (classical drama)

- It is subdivided into **five acts**, which consist of several **scenes**, often written in verse.
- There are several characters (**protagonist, antagonist, minor characters**) acting and talking to each other (**dialogue**).
- A character can also express his true/secret feelings and thougths to the audience (**monologue**).
- The **stage directions** (Bühnenanweisungen) inform the **stage director** (Regisseur) and the **actors** about the performance of the play **on stage**, i. e. the setting, the characters' appearances, actions, movements, gestures, facial play (Mimik), ways of speaking, the stage properties/**props** (Requisiten).
- The structure of the play: **exposition, rising action, climax/turning point, falling action, catastrophe (tragedy); happy ending (comedy); tragicomic ending**

2. Moderne Theaterstücke (modern plays)

- They have three or two acts (parts), often without scenes, sometimes only one act (**one-act plays**).
- Small number of characters, sometimes only one character, no dialogue but a monologue/soliloquy
- Often little external action, mainly internal action
- Sometimes without any stage directions and props or only some props: a chair, a table and a glass of water
- The audience/the readers are supposed to concentrate upon the actor's/the actress's words and imagine what is going on.

19. Begriffe und Wendungen zur Beschreibung und Charakterisierung von Personen

In literarischen Texten, Filmen, Songs, Sachtexten usw. kommen Personen vor. In der Aufgabenstellung kann verlangt werden, dass Sie das Äußere dieser Personen beschreiben und/oder ihre Eigenschaften charakterisieren.

Wortschatz zu Beschreibung und Charakterisierung

The author can characterize a person **directly and explicitly.**
Indirect characterization means that the **traits/features** of a character can only be derived from his/her

- **outward appearance** (clothes, facial expression, body, age, voice, movements, etc.)
- **behaviour** (actions, gestures, manners, etc.)
- **speech** (ideas, thoughts, values, attitudes, emotions, etc.)
- **social position, status, role, environment**

Einige nützliche Wendungen:
His/her outward appearance/behaviour/speech shows/reveals/betrays that …
It reflects/mirrors/underlines his/her social position/status/upbringing/living conditions/social background
The author describes/depicts/characterizes/presents a person as …
His/her main characteristics/the dominant traits/features are …
The relationship between A and B can be characterized as …

Einige Adjektive und seine Antonyme:
(un)friendly, (un)likable, well-behaved/ill-mannered, industrious/lazy, intelligent/stupid, open-minded/narrow-minded, (in)attentive, (dis)honest, quiet/lively, (in)tolerant, (un)selfish, self-centred, egoistic/altruistic, emotional, warmhearted/cold, compassionate/ ruthless, (ir)responsible, reasonable/irrational, loving, kind/hateful, cultivated/careless, rude, insolent, cheeky/ (im)polite, superficial/careful, domineering/subservient, demanding/modest, aggressive/peaceful, (un)biased/(un)prejudiced, child-like/grown-up

20. Begriffe und Wendungen zur Gedichtinterpretation

Wird im Abitur eine Gedichtinterpretation verlangt, benötigen Sie den entsprechenden Wortschatz. Prägen Sie sich deshalb die meisten der folgenden Begriffe ein. Die Darstellung in z. T. ausformulierten Sätzen kann Ihnen bei der Formulierung eigener Sätze helfen.

Wortschatz zu Poetry

1. The form of the poem

- Poems are usually arranged in **lines** (Versen). Poems can be subdivided in **stanzas** (Strophen), which have the same pattern.
- **Traditional poems** have a **regular metre** and a **rhyme scheme**, e. g.:
- **Metre**: iamb (Adj. iambic foot): unstressed and stressed syllable (rising metre, often conveying an optimistic impression); trochee (Adj, trochaic foot): stressed and unstressed syllable (falling metre, often conveying a pessimistic impression); anapaest (anapaestic foot): two unstressed syllables followed by one stressed (rising metre); dactyl (dactylic foot): one stressed syllable followed by two unstressed (falling metre)
- **Rhyme scheme**: rhyme pairs (a a); cross rhyme (a b a b); embracing rhyme (a b b a); tail rhyme (a a b c c b)
- There are different **types of poems**, e. g. the **sonnet** which consists of 14 lines each of five feet, with a fixed rhyme scheme often divided into an octave (eight lines) and a sestet (six lines). Shakespeare's sonnets are subdivided into three quatrains (four-liners) and a final couplet (two lines).
- **Modern poems** are often rhymeless (**free verse**) and can be arranged in sections or units each of a different length.

2. **Poet** and **speaker**:
The poet usually invents a speaker (lyrisches Ich) from whose point of view he expresses feelings, ideas, experiences, etc.

3. **Theme** and **structure**:
   Poems can deal with a certain theme such as love. It is developed in a certain way, which is called the structure of the poem.

4. **Tone** and **style**:
   Poems can have a realistic, romantic, symbolic, humorous, ironical, satirical, sad, enthusiastic, etc. tone or style.

5. **Poetic devices**:
   Poets employ poetic devices to underline or illustrate the feelings and thoughts expressed by the speaker of the poem:

- Devices used to convey a **vivid impression** are e. g.: image, metaphor, symbol, comparison, simile (a comparison with like or as), personification, assonance (words with the same stressed vowels)
- Devices that **emphasize** the speaker's ideas and feelings are e. g.: repetition, exclamation, exaggeration, antithesis, alliteration (Verwendung von Wörtern mit demselben Anfangslaut/ Buchstaben), anaphora (Wiederholung des Zeilenanfangs in der nächsten Zeile)

21. Begriffe und Wendungen zur Analyse von Fotos und Cartoons

Auch bei bildlichen Darstellungen brauchen Sie einen treffenden Beschreibungs- und Analysewortschatz.

Wortschatz zu bildlichen Darstellungen

1. Photo/photograph, picture

- colour photo, black-and-white photo, photomontage
- photographer
- photojournalist, photojournalism, photo magazine, news photo (Pressefoto)
- to take a photograph of sb or sth
- photographic(ally), a photographic effect, photo(graphic) competition, photographic model (Fotomodell)
- informative, descriptive, shocking, sensational, humorous, satirical, etc. photograph
- caption (Bildunterschrift)

2. Cartoon

Cartoons are amusing drawings in a newspaper or magazine, especially about politics or topical events. The word cartoon can also be used instead of comic strip or for a special film (Trickfilm).

- The cartoonist (person who draws cartoons) ridicules, makes fun of/criticises a person, an event …
- He presents/shows sb or sth (un)favourably
- He exaggerates single traits/features of a person by …
- He reduces everything to …
- The figures stand for/symbolize …
- The cartoonist stresses his ideas by a caption, speech bubbles, symbols …

Some useful phrases

The photo/cartoon by … is published in …
It shows/presents/deals with/is about …
In the foreground/background/centre … can be seen.

On the right/left/at the bottom/at the top … is shown.
In the top/bottom right-hand/left-hand corner … is depicted.
The photo/cartoon expresses …
The purpose/message of the photo/cartoon is …
The aim/intention behind the photo/cartoon is …
I think/believe the photo/cartoon is impressive/convincing/biased/funny … because …

22. Begriffe und Wendungen zur Analyse von Grafiken und Statistiken

Grafiken und Statistiken tragen in Zeitungen und Nachrichtenmagazinen dazu bei, Informationen zu veranschaulichen. Sie können aber auch dazu dienen, Informationen auf wenige Daten und Zahlen reduziert darzustellen und Objektivität vorzutäuschen, so dass stets eine genaue und kritische Analyse erforderlich ist. Dazu ist es notwendig, unterschiedliche Arten grafischer und statistischer Darstellung zu unterscheiden.

Types of graphs and charts

1. Line graph (Liniendiagramm)

A line graph consists of one or more lines showing how two or more sets of numbers are related to each other. For instance, a graph shows how the value of the EURO has fallen compared with the US dollar from December 2004 to November 2005:

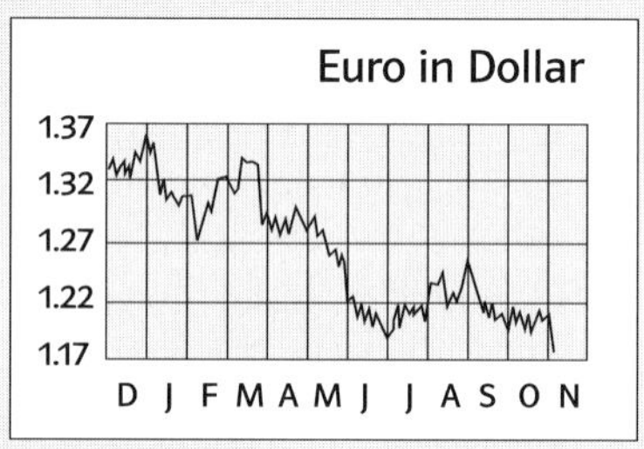

Source: Quartal Flife AG

2. Bar chart (Säulendiagramm)

A bar chart shows different amounts at one time or over a period of time, so they can be compared, e. g. the quarterly growth (in percent) of the gross domestic product in Great Britain from 2000 (third quarter) to 2005 (third quarter):

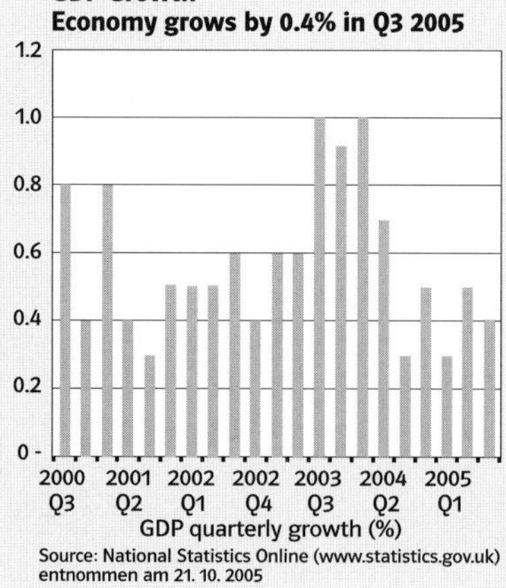

Source: National Statistics Online (www.statistics.gov.uk) entnommen am 21. 10. 2005

A bar chart can also be presented horizontally.

3. Pie chart (Kuchendiagramm)

A pie chart consists of a circle, which is divided into sections to show the size of particular amounts in relation to the whole, e. g. the kind of music preferred by young adults (age 14 to 19):

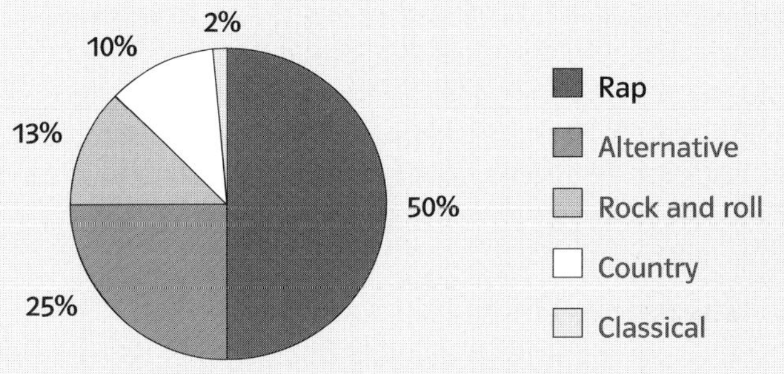

Source: Statistics: Power from Data! Pie charts (www.statcan.ca; entnommen am 5. 3. 2005)

These graphs and charts can also be combined with or integrated into pictures, maps, figures, etc. and are therefore called **pictograms**.

4. Pictogram (Piktogramm)

The following pictogram for example visualizes numbers against the background of the map of the United States:

Percentage Change in Metropolitan and Nonmetropolitan Populations by Region: 1990 to 2000

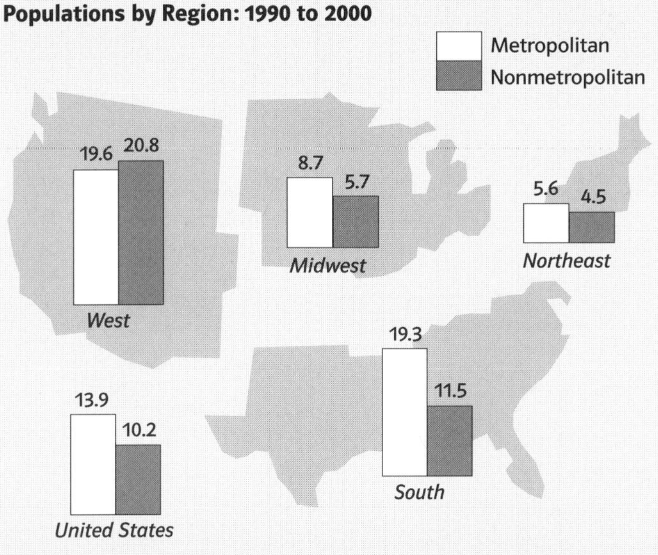

Source: U.S. Census Bureau, Census 2000 and 1990 census.

Some useful phrases

The topic of the line graph/bar chart/ pie chart is .../
It deals with/presents/provides information about ...
The graph shows a (constant/sudden/slight/gradual) increase/rise/growth in profits/of 15%/a decrease/ fall/drop of 10%/in profits over the last five years.
The graph reaches a peak of 20%.
The pie is subdivided into four segments which represent different ethnic groups.
The size of the segments reveals that 25% of the total population are of Spanish origin, whereas 65 % are ...
The biggest/smallest sections stand for ...

Statistics

Statistics consist of a collection of numbers giving information e. g. about the total population, crime, unemployment, etc.; crime/unemployment statistics
According to official statistics ...
Statistical data, analysis, methods ...
The data are statistically (un)important because ...
These statistics are misleading because ...
They are out of date.
New statistics are not available/have not yet been released.

23. Begriffe und Wendungen zur Filmanalyse

Um einen Film angemessen zu analysieren, sind zahlreiche filmsprachliche Begriffe erforderlich, die Sie im Laufe des Oberstufenunterrichts bei der Analyse von Spielfilmen (*feature films*) und Dokumentarfilmen (*documentaries*) bereits verwendet haben. Sie werden auch sicherlich die in Oberstufenbüchern und Filmprojekten enthaltenen Glossare herangezogen oder auch ein eigenes Filmglossar erstellt haben, das Sie u. a. aus dem Internet auch ständig erweitern können.
Für die Analyse eines Filmausschnitts sind vor allem die verschiedenen Kameraeinstellungen und -perspektiven wichtig sowie ihre Funktion bzw. Wirkung auf den Zuschauer.

Wortschatz

1. An der Filmproduktion beteiligte Personen und ihre Aufgaben

- The **producer** (Produzent) is in charge of the practical and financial aspects of making a film/movie.
- The **director** (Regisseur) is in charge of all aspects and activities that concern the making of a film. He advises and directs the actors and the film crew. He also draws a **storyboard** (Filmentwurf in Bildern) with the scenes and dialogue of the film.
- The **screenwriter** (Drehbuchschreiber) writes the **screenplay** (Drehbuch) containing the dialogue and the directions of the setting, camera range/movement etc.
- The **actors/actresses** belong to the **cast** of a film and play particular **roles**.
- Members of the **film crew** are e. g. the **gaffer** (Leiter des Beleuchtungsteams), the **grip** (für Kulissen, Kamerawagen zuständig), the **director of photography** (Leiter des Aufnahmeteams), the **camera operator** (Kameramann), the **art director** (Ausstatter für Bauten, Requisiten, Dekorationen), the **costume designer** (Ausstatter für Kostüme), the **composer** of the **film music**.
- The **editor** (Cutter) who in cooperation with the director produces the **cut** of the film, i. e. the switch from one image or shot to another.

2. Camera shots (Aufnahmen) and camera position

Hier werden auch einige Wirkungen der Kameraführung angegeben, die aber nicht automatisch auf die jeweilige Aufnahme bezogen werden können. Vielmehr ergibt sich die Funktion der Kameraführung aus der Interpretation des jeweiligen Films.

- **shot** (Kameraeinstellung), **to shoot a film** (einen Film drehen)
- **types of shots and their effects**
  extreme long shot (Weitaufnahme): a panoramic view, e. g. of a landscape, a crowd
  long shot (Totale): actor far away, stressing the role of the environment on the character
  medium long shot (Halbtotale), a group of people with part of their surroundings (e. g. a room, part of a street) talking, fighting, etc.
  full shot (Halbtotale) including the entire human figure and part of the environment to stress the action
  medium shot (Halbnaheinstellung) showing a person from the knees or hips upward
  medium close-up showing the face, shoulders and part of the arms
  close-up (Großaufnahme) e. g. of the face showing the facial play (Mimik) stressing emotions, thoughts, etc.
  extreme close-up or detail shot (Detailaufnahme) of a hand, eye, object, etc. to stress their importance for the action
  over-the-shoulder shot showing the speaker and a listener who can be seen from behind during dialogues
  reverse-angle shot: The camera shoots a conversation directed at one actor and then at the other one.
  point-of-view shot: It makes the audience see evrything from the point of view of one particular actor.
  establishing shot, an extreme long shot or long shot at the beginning of a scene shows the setting, the scenery …

low-angle shot (Froschperspektive) can be used to suggest power, size, threat, etc.
high-angle shot (Vogelperspektive) suggesting the opposite
eye-level shot (auf Augenhöhe)
panning shot: horizontal movement
tilt shot: moving upwards or downwards
tracking shot: the camera follows along next to a person (parallel tracking shot) or behind a person (**forward tracking shot** = Verfolgungsfahrt)
zoom, to zoom in/on sb/sth – zoom out from
exterior shot (Außenaufnahme)/ interior shot (Innenaufnahme)
on location shot: Aufnahme vor Ort (außerhalb des Studios)

3. Editing techniques (Schneidetechniken)

to edit a film (einen Film schneiden)
cut (Schnitt); **jump cut, straight cut** (harter Schnitt)
flashback (Rückblende)/**flash-forward** (Vorausschau)
fade in (Aufblende): the scene gradually appears out of the darkness of the screen/**fade out** (Abblende): the scene gradually disappears into the darkness of the screen/ **dissolve** (Überblende): one scene fades out while the next scene fades in, sometimes overlapping each other
cross-cutting or **parallel action** (Parallelmontage) alternating between two or more scenes which are taking place at the same time

4. Some other useful terms

frame (Einzelbild), **still** (Standbild)
sequence of several **scenes**
lighting (Beleuchtung), **backlighting** (Gegenlicht)
soundtrack (Tonspur, Filmmusik), **title song** (Titelmelodie, -lied)
off-screen voice: an unseen character‘s voice
voice-over: an explanation or comment by someone who is not seen
special effects: artificially produced images and/or sounds

5. **Formen der Umsetzung eines literarischen oder nichtliterarischen Textes in ein Drehbuch** (*techniques of adaptation*) **z. B. zur Verfilmung eines Romans**

- **reduction** (Kürzung) of the whole text or part of it, e. g. a novel
- **expansion** (Erweiterung) of a text, e. g. dialogues of a drama
- **transformation** (Umformung) of a text, e. g. a narrative text into dialogue
- **fiction**: invention of dialogues or scenes which are not in the text (e. g. a novel)

Some useful phrases to use the terms:

- The establishing shot shows .../The scene opens with a long shot .../There is a medium shot to present .../The conflict between A and B is shown/presented by a reverse-angle shot .../ We see a full shot which draws attention to .../ The viewer sees (e. g. a ring) in detail shot because .../The protagonist is shown in a close-up which reveals .../This scene is shot from e. g. the protagonist's point of view to .../There is an over-the-shoulder shot of the protagonist ...
- The camera tilts up to/down to/pans to show .../The camera zooms in on her face .../The scene fades in/out on .../The camera focuses on ...
- There is a voice-over which .../the soundtrack contributes to the mood of the scene ...
- The computer animated special effects contribute to ...

24. Wie schreibe ich eine Filmkritik (*review*)?

Beachten Sie auch beim Schreiben einer Filmkritik die wesentlichen Phasen des Schreibprozesses:

- Sammeln von Ideen
- Anfertigen einer Gliederung
- Schreiben des ersten Entwurfs und Überarbeitung sowie Korrektur oder
- Verfassen der Filmkritik ohne vorherigen Entwurf
- Überarbeiten und Korrigieren der Endfassung

Sie haben grundsätzlich drei Möglichkeiten der Filmbewertung: Entweder können Sie den Film bzw. den Filmausschnitt positiv einschätzen, negativ beurteilen oder die Vor- und Nachteile ausgewogen darstellen.

Aufbau

Sie können die Filmkritik wie folgt aufbauen:

1. **Einleitungssatz** als „Aufmacher" (*peg*), um das Interesse der Leser zu wecken (z. B. durch einen Hinweis auf den Ihnen von anderen Filmen her bekannten Regisseur oder Hauptdarsteller, auf die Brisanz des Themas/Hauptproblems, den Zuschauererfolg, die Filmpreisverleihung usw.)

2. **Hauptteil**

- Fassen Sie den Inhalt des Films/des Filmausschnitts kurz zusammen.
- Nehmen Sie Stellung zum Inhalt/Thema sowie zur Intention und Wirkung des Films bzw. Filmausschnitts.
- Beurteilen Sie die schauspielerische Leistung, ggfs. auch Elemente der Ausstattung.
- Erörtern Sie den Einsatz zentraler filmischer Mittel (Kameraführung, Licht, Musik usw.) und ihre Wirkung auf den Zuschauer.

3. **Schluss**: Fassen Sie Ihre Einschätzung des Films bzw. Filmausschnitts kurz zusammen, indem Sie ihn empfehlen, nicht empfehlen oder die Entscheidung dem Publikum anheim stellen.

25. Einige Hinweise zur Überprüfung und Korrektur Ihrer Aufgabenlösungen

Die Überprüfung Ihrer Aufgabenlösung am Schluss der Arbeit ist notwendig, um zumindest „Flüchtigkeiten" (ausgelassene Wörter, fehlende Buchstaben) zu korrigieren, die die sprachliche Beurteilung Ihrer Arbeit beeinträchtigen können.

Gewohnheitsfehler

Schon vor der Prüfungsarbeit sollten Sie sich z. B. bei der Durchsicht von Lehrerkorrekturen bewusst machen, welche Arten von Fehlern und Stilmängeln Ihnen öfter unterlaufen, so dass Sie bei der Überprüfung Ihrer Arbeit das Augenmerk vor allem auf solche Mängel richten können.

Wörterbuch

Aus Zeitgründen ist es nicht möglich, während und nach der Arbeit sehr oft im Wörterbuch nachzuschlagen. Vielmehr müssen Sie sich mit der möglichst effektiven Benutzung des Wörterbuchs (vgl. **Checkliste 12**) bereits im Laufe des vorausgehenden Unterrichts sowie der Klausuren vertraut gemacht haben.

Fehlervermeidung

Es besteht zwar die Möglichkeit, Strategien der Fehlervermeidung zu verfolgen, z. B. auf Sicherheit zu gehen und einfache Strukturen und Ausdrücke zu verwenden. Allerdings müssen Sie dann damit rechnen, dass Ihre sprachliche Leistung als zu einfach und damit negativ bewertet wird. Diese Strategie sollte also nur in Ausnahmefällen verfolgt werden.

Im Folgenden werden einige Hinweise zur abschließenden Überprüfung Ihrer Arbeit gegeben sowie einige Bereiche dargestellt, in denen häufig Fehler oder Stilmängel auftreten. Beachten Sie vor allem die Bereiche, in denen Sie unsicher sind.

Fehlerträchtige Bereiche

Inhalt

- unklare Darstellungen überarbeiten (präzisieren, ergänzen)
- Zusammenhänge verdeutlichen
- Wiederholungen streichen

Satzbau (vgl. auch Checkliste 14)

- Grundregel für die Abfolge der Satzteile: Subjekt, Prädikat, Objekt, adverbiale Bestimmung des Ortes vor der Zeitbestimmung (wenn betont, auch am Satzanfang)
- keine zu langen bzw. Schachtelsätze (sie sind unenglisch); stattdessen: Wechsel von klaren Hauptsätzen mit Satzgefügen (Hauptsatz mit nicht mehr als zwei Gliedsätzen)
- Verknüpfung der Sätze mit Konjunktionen, Personalpronomen usw.
- Ersetzen einiger Nebensätze durch Partizipien

Grammatik

- Verwendung der *tenses*: grundsätzlich dasselbe Tempus wie in der Aufgabenstellung, in der Regel Präsens; vor allem Unterschied zwischen *past tense* und *present perfect*, dabei auf die Signalwörter achten (z. B. In 2001/Last year he came ... He has known her since 2001/... for three years)
- unregelmäßige Verbformen
- Modalverben
- Stellung der Adverbien (z. B. unbestimmte Zeitadverbien nach dem ersten Hilfszeitwort: The sonnet has often been praised ...)
- Verwendung der korrekten Präposition nach Nomen, Verben und Adjektiven (z. B. opportunity of, succeed in, be used to)
- Steigerung von Adjektiven und Adverbien
- Relativsätze (*defining* bzw. *non-defining*)
- Pluralbildung bei Nomen; Singularform mit Pluralbedeutung (z. B. advice, knowledge)

Zu **Wortwahl** und **Stil** sowie zur Verwendung angemessener Begriffe beachten Sie die Hinweise in den **Checklisten 12, 14–23.**

Zur **Rechtschreibung**, **Zeichensetzung** und **Zitiertechnik** vergleichen Sie die **Checklisten 12** und **13**.

Vermeiden Sie Worttrennungen.

26. Wie stelle ich mich auf das mündliche Abitur ein?

Im Grunde gelten dieselben Anforderungen für das mündliche Abitur wie für die schriftliche Prüfung. Allerdings sind die vorgelegten Texte kürzer, die Sie in der Vorbereitungszeit erarbeiten müssen. Sie beziehen sich auf den Unterricht in der Qualifikationsphase, insbesondere auf ein Sachgebiet eines Kurshalbjahrs mit Ausblicken auf andere Kurshalbjahre.

Erster Teil der mündlichen Prüfung

Die mündliche Prüfung besteht aus zwei Teilen. **Im ersten Teil der Prüfung** müssen Sie während der Vorbereitungszeit eine der folgenden drei Aufgabenarten bearbeiten:

Aufgabenarten

Aufgabenart A 1: Es wird Ihnen ein literarischer Text oder Sach- und Gebrauchstext von ca. 300 Wörtern Länge vorgelegt. Dazu müssen Sie in der Vorbereitungszeit drei Teilaufgaben zum Textverständnis, zur Textanalyse und zur Bewertung/Stellungnahme bearbeiten.

Aufgabenart B 1: Sie erhalten einen Sachtext von ca. 200 Wörtern sowie eine Statistik, ein Schaubild bzw. ein Diagramm. Auch bei dieser Aufgabe beziehen sich die drei Teilaufgaben auf die Bereiche Textverstehen, Textanalyse und Stellungnahme.

Aufgabenart B 2: Sie müssen einen oder zwei kurze Texte (zusammen 200 Wörter) bearbeiten sowie einen Hörtext (z. B. Song) oder audiovisuell vermittelten Text (z. B. Filmausschnitt) von maximal 5 Minuten Länge. Auch bei dieser Aufgabe werden drei Teilaufgaben zu den oben genannten Bereichen gestellt.

Sie können in der Vorbereitungszeit die drei Teilaufgaben nicht ausführlich in zusammenhängenden Sätzen lösen. Deshalb unterstreichen Sie im Ausgangstext die jeweils wichtigen Informationen, nach denen in den Teilaufgaben gefragt wird, oder notieren Sie die Informationen möglichst in eigenen Worten und in einer sinnvollen Reihenfolge.

Wird z. B. ein Song oder ein Filmausschnitt zur Analyse vorgespielt, notieren Sie entsprechend der Aufgabenstellung die wesentlichen inhaltlichen, formalen und sprachlichen Elemente.

Auf der Basis Ihrer Notizen bzw. Ihres Konzepts müssen Sie dann vor dem Prüfungsausschuss Ihre Arbeitsergebnisse in einem weitgehend freien Vortrag darstellen.

Zweiter Teil der mündlichen Prüfung

Im zweiten Prüfungsteil müssen Sie in einem Gespräch mit Ihrem Prüfer auf größere fachliche Zusammenhänge eingehen. Dabei werden mindestens zwei weitere Sachgebiete der Qualifikationsphase aus unterschiedlichen Kurshalbjahren angesprochen.

Beispiel: Nachdem Sie im ersten Prüfungsteil einen Zeitungsausschnitt zur Gewalt in amerikanischen Großstädten bearbeitet haben, kann im zweiten Prüfungsteil auf die ökonomischen, sozialen, ethnischen usw. Ursachen und Probleme eingegangen werden sowie anschließend auf einen in der Qualifikationsphase im Unterricht behandelten Roman (z. B. T.C. Boyle: The Tortilla Curtain) und/ oder ein Theaterstück (z. B. Sam Shepard: True West).

Übungen zu den Checklisten

Die Übungstexte und Hilfen zur Lösung der Teilaufgaben verdeutlichen Ihnen, wie Sie die Checklisten des ersten Teils bei der Erarbeitung des Ausgangstextes und beim Schreiben Ihrer Aufgabenlösung einbeziehen können.

Deshalb werden bei den folgenden Übungen jeweils die Checklisten angegeben, die Sie für eine bestimmte Aufgabenart bzw. die Lösung einer bestimmten Teilaufgabenstellung benötigen.

1. Zeitungsartikel als Ausgangstext und Aufgabenstellung

Als Ausgangstext wird Ihnen ein Zeitungsartikel vorgelegt. Dabei werden nur die Daten bzw. Wörter erklärt, die Sie nicht in Ihrem einsprachigen Wörterbuch finden. Die Aufgabenstellung bezieht sich auf die Bereiche *Comprehension*, *Analysis*, *Comment* und Produktionsorientierung. Die Erarbeitung dieser vier Teilaufgaben können Sie im Folgenden nacheinander üben.

Ausgangstext

Rejecting militancy, moderate Muslims in Britain are finding their voices by Lizette Alvarez

(International Herald Tribune, March 7, 2005, p. 3)

Rejecting militancy, moderate Muslims in Britain are finding their voices

LONDON: Bunglawala had just finished his talk on "Islamophobia and the Media" at the London Muslim Center when a man stood and berated him. "Where is your beard and your thobe?" the man shouted, referring to the long garment worn by some Muslim men. "How dare you come to the mosque without them? How dare you preach about the new Koran?"

Then something unusual happened on that day in January, Bunglawala said. Several Islamic militants in the room were chased outside by the crowd and a fistfight broke out. The militants quickly retreated.

"These jihadis are like schoolhouse bullies," said Bunglawala, the communications director for the Muslim Council of Britain, the country's largest Muslim organization. "We sense a feeling of enough is enough now."

If the Sept. 11, 2001[1], attacks plunged the Islamic population in Britain into a state of alarm and dread, then the Iraq war[2] and its aftermath have had an unforeseen consequence. It has encouraged a core group of mainstream British Muslims to find its voice and make demands.

Mainstream Muslims have lined up against the war, opposed new antiterror laws and warned of the dangers of Islamophobia. But they are also speaking out with uncharacteristic fervor against Islamic militants and working to strengthen ties between moderates and the British establishment.

"The war brought people together, in a way," said Nazir Ahmed, who was born in Kashmir and became the first Muslim peer in the House of Lords in 1998. "It was a wake-up call. We really have to decide now what we want to stand for."

Since the Sept. 11 attacks, Britain has rounded up a number of militants from heavily Muslim areas. The government has also detained hundreds of other Muslims, who were later released without charges.

Anti-Muslim attacks have increased as well, as has support for the white supremacist British National Party[3]. The strengthening hostility against Muslims has heightened the sense of urgency among them, many of their leaders say.

Muslims are still the poorest group in Britain, but their leaders say that they are making small but important gains still rarely seen among Muslims in the rest of Europe.

"Mainstream Muslims in this country have become much more organized in terms of being members of the community and lobbying for their own causes," said Peter Riddell, a professor at the London School of Theology, Center for Islamic Studies and Muslim-Christian Relations.

Much of this change is being driven by a generation of young Muslims, coming of age a half century after the first significant numbers of Muslims settled in Britain. These younger Muslims identify more with British football and BBC soap operas than they do with Pakistan, Bangladesh or Kashmir and their old-world traditions. Most are not deeply religious.

The growing influence is seen most

vividly in Muslim representation in government, including five peers in the House of Lords, two members of the House of Commons, about 220 local council members and 12 mayors.

Muslims have formed groups to increase police departments' recruitment of Muslims and to lobby for Muslim rights.

Cultural gains have been made. Amir Khan, 17, a boxer from Britain, won over the country's sports fans when he took a silver medal in the 2004 Olympics.

While only about two million Muslims live in Britain, less than 3 percent of the poulation, they have increased their political leverage, especially with the governing Labour Party. Parliament is considering a much-debated bill that would make it a crime to incite religious hatred toward Muslims.

"Since the war[4], the government has realized that the 90 percent that used to support Labour is now down to 30 percent," Ahmed said. "There is a growing realization by all political parties that we are a crucial vote."

The thorniest challenge for mainstream Muslims has been internal – deciding how to deal with the small group of hard-liners who get a lopsided[5] amount of news media attention and have done much to tarnish the image of Muslims in Britain.

"Before, there was a sense of keeping our heads down," Bunglawala said. "After 9/11, that began to change. We had to put clear blue water between us and the radicals."

Annotations:

[1] Sept. 11, 2001 – date of terrorist attacks on the twin towers of the World Trade Center in New York

[2] Iraq war – war in Iraq to overthrow the regime of Saddam Hussein

[3] National Party – British poltical party with extreme right-wing views, e. g. against ethnic minorities

[4] war – Iraq war

[5] lopsided – (fig.) one-sided

Aufgabenstellung

1. According to this article, what are the problems and activities of British Muslims ?

2. How does the author try to increase the credibility of her article ?

3. You have a choice here:
3.1 Comment on the danger of Islamophobia in Great Britain.
3.2 Write the talk "Islamophobia and the Media" mentioned at the beginning of this article.

2. Wie erarbeite ich die Teilaufgabe zum Textverstehen (*Comprehension*)?

Die folgende Übung bezieht sich zunächst auf die **Checkliste 6,** die Ihnen Hinweise zum Verstehen eines Ausgangstextes vermittelt.

> **I. Teilaufgabe**
> **According to this article, what are the problems and activities of British Muslims?**

Um diese Teilaufgabe zu lösen, müssen Sie dem Zeitungsartikel die Informationen entnehmen, die sich auf die Probleme und Aktivitäten der Muslime in Großbritannien beziehen. Dazu gibt bereits die Schlagzeile Hinweise. Die Autorin beabsichtigt offenbar, darzustellen, dass gemäßigte Muslime in Großbritannien sich zunehmend gegen die Gewaltbereitschaft radikaler Muslime wenden.

Wiederholung der Arbeitstechniken

- Lesen Sie den Artikel zuerst entsprechend der **Checkliste 6** kursorisch durch, um den Gesamtzusammenhang zu erfassen.
- Beim zweiten Durchlesen unterstreichen oder markieren Sie die Informationen, die für die Lösung dieser Teilaufgabe wichtig sind. Dabei wird es für das Textverständnis nötig sein, die Bedeutung einzelner Wörter und Wendungen zu ermitteln, die Ihnen unbekannt erscheinen. Berücksichtigen Sie dabei aber zunächst die **Checkliste 11**; denn bevor Sie zum einsprachigen Wörterbuch (vgl. **Checkliste 12**) greifen, können Sie die Bedeutung etlicher Wörter und Wendungen auch ohne diese Hilfe erschließen.
- Verwenden Sie unterschiedliche Farben oder Arten der Textmarkierung (Unterstreichen, Unterschlängeln usw.), um die wesentlichen Informationen anders zu kennzeichnen als die Ihnen unbekannten Wörter und Wendungen.
- Annotieren Sie am Rand oder (falls der Zeilenabstand groß genug ist) über den unbekannten Wörtern auch alternative sprachliche Ausdrücke (z. B. Synonyme oder Antonyme, statt des Substantivs das dazu gehörige Adjektiv bzw. Verb), um sich schon so darauf vorzubereiten, dass Sie Ihre Aufgabenlösung mit eigenen Worten verfassen müssen.

Bedeutungserschließung und Bedeutungsermittlung

Schauen Sie sich die Markierungen und Anmerkungen an, mit denen der Zeitungsartikel im Folgenden versehen ist. Es handelt sich dabei um eine Möglichkeit, die erste Teilaufgabe zu lösen. Sie können den Zeitungsartikel je nach Ihren sprachlichen Voraussetzungen auch anders und weniger ausführlich annotieren, wenn Ihnen einzelne Wörter und Wendungen bereits bekannt sind. Sie könnten den Text auch nur bezogen auf die unbekannten Wörter markieren und annotieren und die wesentlichen Informationen bereits auf Ihr Konzeptpapier übertragen.

Wegen der besseren Übersichtlichkeit werden zunächst nur die möglicherweise unbekannten Wörter unterstrichen und am Rande mit Hinweisen auf die Bedeutungserschließung (ohne Wörterbuch) bzw. Bedeutungsermittlung (mit Wörterbuch) versehen. Die Annotierungen sind hier wohl zahlreicher, als Sie sie auch angesichts der zur Verfügung stehenden Zeit vornehmen werden. Sie sollen Ihnen aber zur Orientierung dazu dienen, eine Ihren Vorkenntnissen entsprechende Auswahl zu treffen. Dies gilt auch für die angegebenen Varianten, die Sie entweder ohne bzw. mit Wörterbuch notieren können. Dabei werden einige Abkürzungen verwendet, z. B. Wb. für Wörterbuch, Fremdw. für Fremdwort im Deutschen, Abl. für Ableitung und Alt. für Angaben zu alternativen Ausdrücken.

Rejecting militancy, moderate Muslims in Britain are finding their voices

Wb./Alt.refuse
Abl. v. militant (Fremdw.)/Alt. violent, using force
Fremdw. moderat/Alt. not extreme

LONDON: Bunglawala had just finished his talk on "Islamophobia and the Media" at the London Muslim Center when a man stood and berated him. "Where is your beard and your thobe?" the man shouted, referring to the long garment worn by some Muslim men. "How dare you come to the mosque without them? How dare you preach about the new Koran?"

Alt. speech
Wb. phobia/Alt. fear or hatred of Muslims
Wb. criticize
Kontext
Kontext/Fremdw. Moschee

Then something unusual happened on that day in January, Bunglawala said. Several Islamic militants in the room were chased outside by the crowd and a fistfight broke out. The militants quickly retreated.

s. o.

"These jihadis are like schoolhouse bullies," said Bunglawala, the communications director for the Muslim Council of Britain, the country's largest Muslim organization. "We sense a feeling of enough is enough now."

If the Sept. 11, 2001, attacks plunged the Islamic population in Britain into a state of alarm and dread, then the Iraq war and its aftermath have had an unforeseen consequence. It has encouraged a core group of mainstream British Muslims to find its voice and make demands.

Mainstream Muslims have lined up against the war, opposed new antiterror laws and warned of the dangers of Islamophobia. But they are also speaking out with uncharacteristic fervor against Islamic militants and working to strengthen ties between moderates and the British establishment.

"The war brought people together, in a way," said Nazir Ahmed, who was born in Kashmir and became the first Muslim peer in the House of Lords in 1998. "It was a wake-up call. We really have to decide now what we want to stand for."

Since the Sept. 11 attacks, Britain has rounded up a number of militants from heavily Muslim areas. The government has also detained hundreds of other Muslims, who were later released without charges.

Anti-Muslim attacks have increased as well, as has support for the white supremacist British National Party. The strengthening hostility against Muslims has heightened the sense of urgency among them, many of their leaders say.

Muslims are still the poorest group in Britain, but their leaders say that they are making small but important gains still rarely seen among Muslims in the rest of Europe.

"Mainstream Muslims in this country have become much more organized in terms of being members of the community and lobbying for their own causes," said Peter Riddell, a professor at the London School of Theology, Cen-

Wb. jihad-holy war/Abl./Kontext/Fremdw.
Wb./Alt. become aware of sth
Wb.: to experience sth unpleasant
Wb./Alt. great fear
Wb./Alt. the dangerous situation after the war
Wb./Alt. small group
Wb./Alt. majority
Wb./Alt. stand in a row
s. o.
Wb./Alt. enthusiasm
Kontext
Wb./Alt. bring together
Wb./Alt. keep in prison
Wb./Alt. set sb free
Wb./Alt. accusation
Wb./Alt. racist
Wb./Abl. hostile/Alt. aggressive
Wb./Abl. urgent/Alt. that needs to be dealt with immediately
Wb./Alt. profit
Wb./Fremdw./Alt. try to influence politicians

ter for Islamic Studies and Muslim-Christian Relations.

Much of this change is being driven by a generation of young Muslims, coming of age a half century after the first significant numbers of Muslims settled in Britain. These younger Muslims identify more with British football and BBC soap operas than they do with Pakistan, Bangladesh or Kashmir and their old-world traditions. Most are not deeply religious.

The growing influence is seen most vividly in Muslim representation in government, including five peers in the House of Lords, two members of the House of Commons, about 220 local council members and 12 mayors.

Muslims have formed groups to increase police departments' recruitment of Muslims and to lobby for Muslim rights.

Wb./Abl. v. recruit/Alt. find sb to join an organization

Cultural gains have been made. Amir Khan, 17, a boxer from Britain, won over the country's sports fans when he took a silver medal in the 2004 Olympics.

While only about two million Muslims live in Britain, less than 3 percent of the poulation, they have increased their political leverage, especially with the governing Labour Party. Parliament is considering a much-debated bill that would make it a crime to incite religious hatred toward Muslims.

Wb./Alt. influence

"Since the war, the government has realized that the 90 percent that used to support Labour is now down to 30 percent," Ahmed said. "There is a growing realization by all political parties that we are a crucial vote."

Wb./Alt. very important

The thorniest challenge for mainstream Muslims has been internal – deciding how to deal with the small group of hard-liners who get a lopsided amount of news media attention and have done much to tarnish the image of Muslims in Britain.

Fremdw. Wb./Alt. one-sided

Wb./Alt. spoil/ruin

"Before, there was a sense of keeping our heads down," Bunglawala said. "After 9/11, that began to change. We had to put clear blue water between us and the radicals."

Informationsentnahme

Im Zeitungsartikel sollten Sie die wesenlichen Informationen unterstreichen, die Sie für die Lösung der ersten Teilaufgabe benötigen.

- Lesen Sie zunächst die Aufgabenstellung genau durch.
- Unterstreichen Sie die Teile der Schlagzeile sowie die Textstellen, die für die Lösung dieser Teilaufgabe wichtig sind.
- Notieren Sie dabei mit eigenen Worten die wesentlichen Informationen auf Ihr Konzeptpapier oder am Textrand, falls er breit genug ist.
- Kennzeichnen Sie die wesentlichen Sinnabschnitte im Ausgangstext. Dies kann für die Gliederung Ihrer Aufgabenlösung hilfreich sein.

Der entsprechend markierte Zeitungsartikel soll Ihnen verdeutlichen, wie Sie die wesentlichen Informationen des Textes kennzeichnen und sprachlich annotieren können.

Rejecting militancy, moderate Muslims in Britain are finding their voices

LONDON: Bunglawala had just finished his talk on "Islamophobia and the Media" at the London Muslim Center when a man stood and berated him. "Where is your beard and your thobe?" the man shouted, referring to the long garment worn by some Muslim men. "How dare you come to the mosque without them? How dare you preach about the new Koran?"

Then something unusual happened on that day in January, Bunglawala said. Several Islamic militants in the room were chased outside by the crowd and a fistfight broke out. The militants quickly retreated.

"These jihadis are like schoolhouse bullies," said Bunglawala, the communications director for the Muslim Council of Britain, the country's largest Muslim organization. "We sense a feeling of enough is enough now."

Randnotizen:

vgl. Schluss des Artikels

provocation by a radical Muslim

(1)

extremist Muslims thrown out of the mosque

moderate Muslims no longer tolerate the radicals

If the Sept. 11, 2001, attacks plunged the Islamic population in Britain into a state of alarm and dread, then the Iraq war and its aftermath have had an unforeseen consequence. It has encouraged a core group of mainstream British Muslims to find its voice and make demands.

After 9/11, 2001, shocked and then because of the Iraq war moderate Muslims have begun to express their opinion and wishes, also criticizing Islamists

Mainstream Muslims have lined up against the war, opposed new antiterror laws and warned of the dangers of Islamophobia. But they are also speaking out with uncharacteristic fervor against Islamic militants and working to strengthen ties between moderates and the British establishment.

vgl. Thema der Rede (Zeile 2–3)

"The war brought people together, in a way," said Nazir Ahmed, who was born in Kashmir and became the first Muslim peer in the House of Lords in 1998. "It was a wake-up call. We really have to decide now what we want to stand for."

(2)

Since the Sept. 11 attacks, Britain has rounded up a number of militants from heavily Muslim areas. The government has also detained hundreds of other Muslims, who were later released without charges.

Anti-Muslim attacks have increased as well, as has support for the white supremacist British National Party. The strengthening hostility against Muslims has heightened the sense of urgency among them, many of their leaders say.

moderate Muslims have to reject Islamic militants because of the anti-Muslim public mood in Britain

Muslims are still the poorest group in Britain, but their leaders say that they are making small but important gains still rarely seen among Muslims in the rest of Europe.

Muslims poor, but also more and more economically successful, which means growing self-confidence

"Mainstream Muslims in this country have become much more organized in terms of being members of the community and lobbying for their own causes," said Peter Riddell, a professor at the London School of Theology, Center for Islamic Studies and Muslim-Christian Relations.

Especially younger Muslims support political activities, e. g. as British citizens

Much of this change is being driven by a generation of young Muslims, coming of age a half century after the first significant numbers of Muslims settled in Britain. These younger Muslims identify more with British football and BBC soap operas than they do with Pakistan, Bangladesh or Kashmir and their old-world traditions. Most are not deeply religious.

The growing influence is seen most vividly in Muslim representation in government, including five peers in the House of Lords, two members of the House of Commons, about 220 local council members and 12 mayors.

… as members of the Houses of Parliament, etc.

(3)

Muslims have formed groups to increase police departments' recruitment of Muslims and to lobby for Muslim rights.

… as policemen, also as sportsmen

Cultural gains have been made. Amir Khan, 17, a boxer from Britain, won over the country's sports fans when he took a silver medal in the 2004 Olympics.

While only about two million Muslims live in Britain, less than 3 percent of the poulation, they have increased their political leverage, especially with the governing Labour Party. Parliament is considering a much-debated bill that would make it a crime to incite religious hatred toward Muslims.

influencing decisions of the Labour Party

"Since the war, the government has realized that the 90 percent that used to support Labour is now down to 30 percent," Ahmed said. "There is a growing realization by all political parties that we are a crucial vote."

British political parties realize the importance of Muslim voters

The thorniest challenge for mainstream Muslims has been internal – deciding how to deal with the small group of hard-liners who get a lopsided amount of news media attention and have done much to tarnish the image of Muslims in Britain.

"Before, there was a sense of keeping our heads down," Bunglawala said. "After 9/11, that began to change. We had to put clear blue water between us and the radicals."

Moderate Muslims must try to change their one-sided image in the mass media* by openly rejecting the Islamic militants

(4)

* cf. title of the talk at the beginning of this article

Gliederung der Aufgabenlösung

Der Zeitungsartikel lässt sich entsprechend dem Gedankengang der Autorin in vier Teile unterteilen. Entsprechend können Sie auch die Lösung der Aufgabe gliedern:

1. Provocation and reaction of moderate Muslims
2. Change of their attitude towards the radicals
3. Increase of self-confidence and political activities
4. Rejection of Islamic fundamentalists

Konzept der Aufgabenlösung

Anhand der Gliederung und Ihrer Notizen können Sie nun die Lösung der ersten Teilaufgabe auf Ihr Konzeptpapier schreiben oder auch schon in Reinschrift. Formulieren Sie eine Einleitung und überlegen Sie einen Schlusssatz, der zur nächsten Teilaufgabe überleitet.

Konzept der Aufgabe zum Textverständnis

Möglicher **Einleitungssatz** (mit Bezug auf die Textsorte, die Autorin und die Schlagzeile):

- This newspaper article by Lizette Alvarez refers to the fact that in Great Britain moderate Muslims speak out against Muslim radicals and are actively working for the improvement of the situation of the Muslims in Great Britain.

Gliederung des Konzepts

1. Provocation and reaction of moderate Muslims
   - provocation by radical Muslims
   - extremist Muslims thrown out of a mosque
   - no tolerance towards extremists
2. Change of the moderate Muslims' attitude
   - shocked after the terrorist attack on the World Trade Center on September 11, 2001
   - after the beginning of the Iraq war starting to openly reject the radical Islamists and express their views
   - warning of the dangers of Islamophobia and trying to change the anti-Muslim public mood in Britain
   - growing self-confidence by economic success, though still the poorest minority in Britain

3. Increase of self-confidence and political activities
   - considering themselves as British citizens
   - political activities as members of the Houses of Parliament, town councils, etc.
   - success in sports
   - influencing the Labour Party
   - aware of their importance as voters
4. Rejection of Islamic fundamentalists
   - trying to change their one-sided image spread by the mass media

Möglicher **Schlusssatz** (mit Bezug zum Thema des Vortrags "Islamophobia and the Media" als Überleitung zur nächsten Teilaufgabe):

Thus also the topic of the talk "Islamophobia and the Media" mentioned at the beginning of the article stresses the necessity of the moderate Muslim's criticism and rejection of the Islamists.

3. Wie erarbeite ich die Teilaufgabe zur Textanalyse (*Analysis*)?

Um diese Teilaufgabe zu lösen, verwenden Sie die **Checkliste 7**, der Sie die erforderlichen Hinweise und sprachlichen Hilfen entnehmen können, selbstverständlich entsprechend der Aufgabenstellung nur in Auswahl.

> **2. Teilaufgabe**
> **How does the author try to increase the credibility of her article?**

Wiederholung der Arbeitstechniken

- Lesen Sie die Teilaufgabe genau durch.
- Markieren und benennen Sie die für die Aufgabenlösung relevanten Stilmerkmale, die dazu dienen sollen die Glaubwürdigkeit des Artikels zu erhöhen.
- Überprüfen Sie, welche dieser Mittel vorherrschen und wiederholt verwendet werden.
- Wie wirkt der Stil des Artikels insgesamt?
- Entwerfen Sie eine Gliederung der Aufgabenlösung, wobei die wesentlichen Stilmittel in einer sinnvollen Reihenfolge dargestellt werden. Überlegen Sie dabei auch eine Einleitung und einen Schluss.
- Entwickeln Sie das Konzept der Lösung, belegen Sie jedes Stilmittel mit ein oder zwei Textbeispielen und geben Sie stets die Fundstellen an (vgl. **Checkliste 13**).

Markieren und benennen der relevanten Stilmerkmale

Der hier entsprechend der Aufgabenstellung markierte Zeitungsartikel kann Ihnen zur Orientierung für Ihre Aufgabenlösung dienen:

Rejecting militancy, moderate Muslims in Britain are finding their voices

LONDON: Bunglawala had just finished his talk on "Islamophobia and the Media" at the London Muslim Center when a man stood and berated him. "Where is your beard and your thobe?" the man shouted, referring to the long garment worn by some Muslim men. "How dare you come to the mosque without them? How dare you preach about the new Koran?"

Then something unusual happened on that day in January, Bunglawala said. Several Islamic militants in the room were chased outside by the crowd and a fistfight broke out. The militants quickly retreated.

"These jihadis are like schoolhouse bullies," said Bunglawala, the communications director for the Muslim Council of Britain, the country's largest Muslim organization. "We sense a feeling of enough is enough now."

If the Sept. 11, 2001, attacks plunged the Islamic population in Britain into a state of alarm and dread, then the Iraq war and its aftermath have had an unforeseen consequence. It has encouraged a core group of mainstream British Muslims to find its voice and make demands.

Mainstream Muslims have lined up against the war, opposed new antiterror laws and warned of the dangers of Islamophobia. But they are also speaking out with uncharacteristic fervor against Islamic militants and working to strengthen ties between moderates and the British establishment.

"The war brought people together, in a way," said Nazir Ahmed, who was born in Kashmir and became the first Muslim peer in the House of Lords in 1998. "It was a wake-up call. We really have to decide now what we want to stand for."

Since the Sept. 11 attacks, Britain has rounded up a number of militants from heavily Muslim areas. The government

name
title of a talk
place
Muslim word
quotations
Muslim word
Muslim word
Muslim word
Function and explanation
quot.
historical events and their effects on British Muslims
enumeration of facts
antithesis
quot.
names (personal and geographical)
institution date
quot.
repetition
action of the government (facts)

has also detained hundreds of other Muslims, who were later released without charges.

Anti-Muslim attacks have increased as well, as has support for the white supremacist British National Party. The strengthening hostility against Muslims has heightened the sense of urgency among them, many of their leaders say.

political party

Muslims are still the poorest group in Britain, but their leaders say that they are making small but important gains still rarely seen among Muslims in the rest of Europe.

social situation (facts)
antithesis

"Mainstream Muslims in this country have become much more organized in terms of being members of the community and lobbying for their own causes," said Peter Riddell, a professor at the London School of Theology, Center for Islamic Studies and Muslim-Christian Relations.

quot.
name and function
institution and its function

Much of this change is being driven by a generation of young Muslims, coming of age a half century after the first significant numbers of Muslims settled in Britain. These younger Muslims identify more with British football and BBC soap operas than they do with Pakistan, Bangladesh or Kashmir and their old-world traditions. Most are not deeply religious.

change of Muslim life
countries of Muslim immigrants
change

The growing influence is seen most vividly in Muslim representation in government, including five peers in the House of Lords, two members of the House of Commons, about 220 local council members and 12 mayors.

enumeration of institutions and members

Muslims have formed groups to increase police departments' recruitment of Muslims and to lobby for Muslim rights.

Cultural gains have been made. Amir Khan, 17, a boxer from Britain, won over the country's sports fans when he took a silver medal in the 2004 Olympics.

name, age
date, event

While only about two million Muslims live in Britain, less than 3 percent of the poulation, they have increased their political leverage, especially with the governing Labour Party. Parliament is considering a much-de-

statistics
political party

bated bill that would make it a crime to incite religious hatred toward Muslims.

"Since the war, the government has realized that the 90 percent that used to support Labour is now down to 30 percent," Ahmed said. "There is a growing realization by all political parties that we are a crucial vote."

quot.
numbers/statistics
repetition of name

The thorniest challenge for mainstream Muslims has been internal – deciding how to deal with the small group of hard liners who get a lopsided amount of news media attention and have done much to tarnish the image of Muslims in Britain.

metaphor

"Before, there was a sense of keeping our heads down," Bunglawala said. "After 9/11, that began to change. We had to put clear blue water between us and the radicals."

metaphorical phrase
repetition of name/date/event
quot.
image

Überprüfen Sie, welche dieser Mittel vorherrschen und wiederholt verwendet werden.

Folgende Stilmittel kommen häufig vor:

- mentioning of personal, political, institutional and geographical names and explaining their position or functions, also by repetition
- presenting and also enumerating facts
- referring to dates, numbers, statistics
- using quotations from credible persons
- rarely antithetical or metaphorical devices

Wie wirkt der Stil des Artikels insgesamt?

Die dominanten Stilmittel weisen darauf hin, dass die Autorin ihre Leser sachlich informieren will. Die sprachlich-stilistische Darstellung des gesamten Textes ist also informativ (*informative* oder auch *matter-of-fact*). Dies könnten Sie in der Einleitung der Aufgabenlösung erwähnen.

Entwerfen Sie eine Gliederung der Aufgabenlösung.

Wenn Sie sich die oben aufgelisteten fünf Punkte anschauen, werden Sie erkennen, dass die vorherrschenden Stilmittel auf einen an Fakten orientierten informativen Stil (*informative, matter-of-fact style*) hindeuten. Dadurch soll offenbar die Glaubwürdigkeit der Darstellung gewährleistet werden. Geben Sie auch andere relevante Funktionen der Stilmittel an, wie z. B. die Betonung der Bedeutsamkeit der Information durch das Mittel der Wiederholung.

Gliederung

Es gibt hier sicherlich mehrere Möglichkeiten einer sinnvollen Gliederung. Die hier folgende Gliederung beginnt mit dem Mittel der Nennung von Fakten, weil der stilistische Gesamteindruck des Artikels im Einleitungssatz erwähnt werden soll. In „steigernder Weise" wird das Mittel häufigen Zitierens von Aussagen glaubwürdiger Personen am Ende angeführt. Sie können am Schluss auch selten verwendeten Stilmittel erwähnen, um im Schlusssatz zusammenfassend zu betonen, dass es der Autorin ausschließlich auf eine faktenbezogene und damit glaubwürdige Darstellung ankommt.

Einleitung: informative style

Hauptteil:

- presentation, enumeration and repetition of facts (also to stress their importance)
- referring to dates (also repeated to stress their importance), numbers, statistics
- mentioning of personal, political, institutional and geographical names and explaining their position or function, also by repetition to stress their importance
- frequently using quotations from credible persons

Schluss: facts and credibility

Entwickeln Sie das Konzept der Lösung, belegen Sie jedes Stilmittel mit ein oder zwei Textbeispielen und geben Sie stets die Fundstelle an.

Konzept der Textanalyse

Das Konzept dient Ihnen dazu, anschließend die Aufgabenlösung niederzuschreiben, eventuell auch sofort in Reinschrift; denn die Stilmittel sowie die ausgewählten Fundstellen können Sie aus dem Konzept übernehmen. Eine den Schreibfluss hemmende Suche nach Belegen und Fundstellen ist dann nicht mehr nötig.
Beachten Sie bei der Angabe der Fundstellen die **Checkliste 13**.

Einleitung: informative style

Hauptteil:

- presentation, repetition and enumeration of facts (also to stress their importance), e. g. terrorist attack on the World Trade Center (p. 1, l. 23, l. 44; p. 2, l. 115), the Iraq war (p. 1, l. 25; p. 2, l. 100), reaction of the mainstream Muslims (p. 1, ll. 30 ff.), reaction of the government (p. 1, ll. 44 ff.), social situation of the Muslims (p. 1, ll. 56 ff.), change of Muslim life (p. 2, ll. 69 ff.)
- referring to dates (also repeated to stress their importance), numbers, statistics, e. g. Sept. 11, 2001 (p. 1, l. 23; p. 1, l. 44; p. 2, l. 115), 1998 (p. 1, l. 41), 2004 Olympics (p. 2, l. 91); five peers/two members in the House of Commons/about 220 local council members and 12 mayors (p. 2, ll. 80 – 83); less than 3 percent (p. 2, ll. 93 f.), 90 percent/30 percent (p. 2, ll. 101 ff.)
- mentioning of personal, political, institutional and geographical names and explaining their position or function, also by repetition to stress their importance, such as: Bunglawala, the communications director for the Muslim Council of Britain … (cf. p. 1, l. 1; p. 1, ll. 18 – 21; p. 2, l. 114), Nazir Ahmed, the first Muslim peer (p. 1, ll. 39 – 41; p. 2, l. 104), Professor Peter Ridell (p. 2, ll. 65 – 68), Amir Khan (p. 2, l. 89); British National Party (p. 1, l. 52), Labour Party (p. 2, l. 96; p. 2, l. 102); House of Lords (p. 1, l. 41; p. 2, l. 81), House of Commons (p. 2, l. 82), Parliament (p. 2, l. 97); Muslim Council of Britain (p. 1,

ll. 19 f.), London School of Theology (p. 2, l. 66); Kashmir (p. 1, l. 40), Pakistan, Bangladesh, Kashmir (p. 2, ll. 75 f.)

- using quotations from credible persons, e. g. Bunglawala (cf. p. 1, ll. 17–22; p. 2, ll. 113–117); Nazir Ahmed (cf. p. 1, ll. 38–43; p. 2, ll. 100–105); Peter Ridell (cf. p. 2, ll. 61–65)

Schluss: facts and credibility

4. Wie verfasse ich die Stellungnahme (*Evaluation/Comment*)?

Um diese Teilaufgabe angemessen zu lösen, orientieren Sie sich an der **Checkliste 8**, die Ihnen die wesentlichen Hinweise und Formulierungshilfen vermittelt.

> **3.1 Teilaufgabe**
> **Comment on the dangers of Islamophobia in Great Britain.**

Diese Teilaufgabe bezieht sich auf das Thema der Rede „Islamophobia and the Media" von Bunglawala, die zu Beginn des Zeitungsartikels erwähnt wird, auf die Warnung der Mehrheit der Muslime vor den Gefahren der Angst vor den Anhängern des Islam (Zeile 32 f.) und auf den Schluss des Artikels (Zeile 108–112). Da Sie in Ihrer Stellungnahme den Bezug zum Ausgangstext wahren müssen, wenn Sie Ihre eigenen Ansichten darstellen, müssen Sie zu Beginn Ihrer Stellungnahme von diesen beiden Textstellen ausgehen.

Auch die im Rahmen der ersten Teilaufgabe (*Comprehension*) erzielten Arbeitsergebnisse müssen Sie bei Ihrer Stellungnahme (zumindest teilweise) berücksichtigen.

Da Sie eine begründete persönliche Stellungnahme verfassen, können recht unterschiedliche Aspekte hervorgehoben und verschiedene Akzente gesetzt werden.
Deshalb handelt es sich im Folgenden um einen Lösungsvorschlag, an dem Sie sich mit Hilfe der **Checkliste 8** orientieren können.

Wiederholung der Arbeitsschritte

Bevor Sie die Stellungnahme niederschreiben, beachten Sie die folgenden Arbeitsschritte.

- Markieren Sie die Stellen im Ausgangstext, auf die sich diese Teilaufgabe ausdrücklich bezieht.
- Sammeln Sie, ausgehend vom Text, Ideen und Begründungen für Ihre Stellungnahme.
- Ergänzen Sie diese Ideen durch Ihr Vorwissen sowie Ihre Erfahrungen.
- Ordnen Sie die Ideen und Begründungen folgerichtig.

- Entwerfen Sie eine Gliederung Ihrer Aufgabenlösung sowie daran orientiert das Konzept für die Lösung dieser Teilaufgabe. Überlegen Sie für die Aufgabenlösung auch eine Einleitung und einen Schluss.
- Schreiben Sie die Stellungnahme zunächst auf Konzeptpapier oder – falls Sie sich sicher fühlen – teilweise bzw. insgesamt sofort in Reinschrift.

Sammeln von Ideen und Begründungen (brainstorming)

- one-sided media coverage of Muslims: popular press (sensational: "bad news is good news", generalizing), topical TV news, reports, talk shows considering the viewing figures (Einschaltquote)
- moderate Muslims warning (rather late?) of the dangers of fear and hatred of all Muslims; silent majority
- dangerous effects of the mass media: strengthening of right-wing National Party, ignoring distinction between moderate Muslims and Islamists; hostility against Muslims
- the Muslims' right also to preserve their identity (e. g. their religion, traditions and values) based on the Universal Declaration of Human Rights
- goal: better information of the media and the public about the moderate Muslims' rejection of Islamists, their commitment (political participation) in local councils, towns and the British Parliament, their integration into the public life in Great Britain and their right to express their opinion about politics (e. g. the Iraq war) and to improve the economic situation of Muslims

Gliederung/ Konzept der Stellungnahme

Es gibt grundsätzlich drei Möglichkeiten, begründet und argumentativ Stellung zu nehmen:

- Zustimmung
- Ablehnung
- Abwägen von pro und contra

Bezogen auf die einseitige Berichterstattung in den Medien kann Ihre Stellungnahme eher kritisch und ablehnend ausfallen, während der vorliegende informative Artikel eher positiv beurteilt wird.

Gliederung/Konzept der Stellungnahme

Einleitung

Bezug zum Ausgangstext: topic of Bunglawala's speech and the one-sided media coverage

Hauptteil

- one-sided media coverage of Muslims after the terrorist attacks on the World Trade Center, mainly by popular papers (sensational, generalizing, discriminating) and topical TV news (more about Islamists than about moderate Muslims), also due to the viewing figures
- dangerous effects of one-sided news of the mass media on the public opinion about Muslims: fear, hatred, hostility, attacks; growing support of the right-wing National Party
- moderate Muslims' activities against one-sided information: warning of the dangers of Islamophobia and better information of the media and the public about their rejection of Islamists, about their commitment (political participation) in local councils, towns and the Houses of Parliament, their growing integration into public life (e. g. of younger Muslims), and their political rights as British citizens to express their opinion about decisions of the government (e. g. the Iraq war), to try to improve the economic and educational situation of Muslims
- the mass media must respect the code of ethics of journalists, i. e. to inform correctly, e. g. also about the Muslims' right to preserve their identity (their religion, traditions and values), which is based on the Universal Declaration of Human Rights.

Schluss

To overcome Islamophobia the mass media should inform the readers more objectively, as it is done by this article.

5. Wie löse ich die produktionsorientierte/ kreative Teilaufgabe ((*re-*)*creation of text*)?

Im Rahmen der dritten Teilaufgabe können Sie zwischen der Erarbeitung einer Stellungnahme und der produktionsorientierten Teilaufgabe wählen. Im Unterschied zur Stellungnahme müssen Sie aber Ihre Argumente in eine bestimmte Textsorte einbetten (vgl. **Checkliste 8**).

Hier wird verlangt, eine Rede vom Standpunkt eines Muslims, nämlich Bunglawala, zu verfassen, deren wesentliche Merkmale Ihnen vertraut sein müssen (vgl. **Checkliste 16**).

> **3.2 Teilaufgabe**
> **Write the talk "Islamophobia and the Media", mentioned at the beginning of this article.**

Wiederholung der Arbeitstechniken

Sie können methodisch (vom Brainstorming bis zur Gliederung) so vorgehen wie bei der Vorbereitung einer Stellungnahme. Die oben dargestellte Gliederung der Stellungnahme kann also auch die Grundlage für die Inhalte Ihrer Rede sein.
Beachten Sie aber, dass

- Ihre Rede mit einer angemessenen Anrede der Zuhörer/Zuschauer beginnen muss,
- Sie in der Einleitung das Interesse der Zuhörer wecken,
- Sie den Bezug zu den Zuhörern und ihr Interesse im Laufe der Rede aufrechterhalten,
- einige wirksame Redemittel verwenden,
- und am Ende der Rede kurz für die Aufmerksamkeit danken.

Mögliches Konzept der Rede

Da der Redner Bunglawala sich an seine Glaubensbrüder wendet, wäre die Anrede *Dear brothers and sisters* angemessen und nicht eine distanzierte Form wie *Ladies and gentlemen*.

Am **Anfang** können Sie das Interesse Ihrer Zuhörer dadurch wecken, dass Sie die Wichtigkeit des Themas *Islamophobia and the Media* unterstreichen und kurz damit begründen, dass die einseitige Berichterstattung allen Muslimen in Großbritannien schade.

Im **Hauptteil** der Rede sollten Sie auf die Aspekte eingehen, die oben bei der Stellungnahme dargestellt sind. Dabei müssten Sie einige rhetorische Mittel einsetzen, z. B. zur Verständniserleichterung klare und eher kurze Sätze (Wechsel von Hauptsätzen und Sätzen mit nicht mehr als zwei Nebensätzen), parallel formulierte Sätze, Wiederholung zur Verstärkung der Aussage, Einbezug der Zuhörer, Appelle an die Zuhörer, sich zu engagieren usw.

Am **Schluss** der Rede könnten Sie nach einer kurzen Zusammenfassung Ihrer Position einen Appell an die Zuhörer richten, gegen radikale Muslime Stellung zu beziehen. Die Rede sollte mit einer Dankesformel enden, z. B. *Thank you (for listening/your attention).*

6. Wie analysiere ich Statistiken und Diagramme?

Während Statistiken aufgrund der Häufung von Zahlen recht abstrakt wirken, dienen Diagramme dazu, Zahlenangaben anschaulich darzustellen, so dass die vermittelten Fakten leichter zu verstehen sind. Berücksichtigen Sie auch die **Checklisten 9** und **22**.

Wenn Sie die Aufgabenart B 1 (Text und Statistik, Diagramm oder bildliche Darstellung) lösen müssen, bezieht sich die graphische Darstellung auf einen Teil des Ausgangstextes. Sie kann zusätzlich zum Text vorgelegt werden, aber auch Bestandteil des Ausgangstexts sein und zum klareren Verständnis des Textes oder einer Textpassage beitragen.

Wird Ihnen z. B. ein Sachtext zum Thema Cultural diversity in the USA – problems and prospects sowie eine Statistik zur Zusammensetzung der amerikanischen Bevölkerung vorgelegt, so könnte die Teilaufgabe, die sich auf den Ausgangstext und die Statistik bezieht, wie folgt lauten:

Mögliche Aufgabenart B1 (s. Checkliste 1)
What information do this text and the statistics give about the cultural diversity in the USA and its problems and prospects?

Im Folgenden können Sie den Teil der Aufgabe bearbeiten, der sich auf die Auswertung der Statistik bezieht:

Beispiel 1

Mögliche Teilaufgabe
Analyse the statistics about the population distribution in the USA.

Population by Race and Hispanic Origin for the United States: 2000

Race and Hispanic or Latino	Number (in thousands)	Percent of total population
RACE		
Total population	281,421	100.0
One race	274,595	97.6
White	211,460	75.1
Black or African American	34,658	12.3
American Indian and Alaska Native	2,475	0.9
Asian	10,242	3.6
Native Hawaiian and other Pacific islander	399	0.1
Some other race	15,359	5.5
Two or more races	6,826	2.4
HISPANIC OR LATINO		
Total population	281,421	100.0
Hispanic or Latino	35,305	12.5
Not hispanic or Latino	246,116	87.5

Source: U.S. Census Bureau, Census 2000.
(Quelle: www.census.gov ; unter „Census 2000")

Wiederholung der Arbeitsschritte

Beachten Sie bei Ihrer Auswertung der Statistik die folgenden Arbeitsschritte (s. **Checkliste 9**):

- Lesen Sie die Aufgabenstellung genau durch.
- Schauen Sie sich dann die Überschrift der Statistik an sowie ihre Quelle.
- Werten Sie die Statistik unter dem übergeordneten Aspekt der gesamten Teilaufgabe aus, hier z. B. Konflikte zwischen verschiedenen ethnischen Gruppen. Dies ist hier angeführt, um zu verdeutlichen, dass bei einer konkret gestellten Teilaufgabe stets verlangt wird, Statistiken und Diagramme auf den vorgelegten Text bezogen zu analysieren.
- Notieren Sie die Ergebnisse Ihrer Analyse.
- Ordnen Sie die Ergebnisse dem Teil des Lösungskonzeptes zu, zu dem die Statistik wichtige Informationen liefert.

Beispiel 2:

Wenn die Teilaufgabe zum Thema Globalisierung sich auf einen Sachtext bezieht, etwa einen Auszug aus einem Unicef-Bericht zur Kinderarbeit und Kinderarmut einschließlich eines Säulendiagramms zur Kinderarmut in reichen Ländern, könnte die Aufgabenstellung wie folgt lauten:

Mögliche Aufgabenart B1
Compare child poverty and child labour in developing and rich countries as presented in the report and the bar chart.

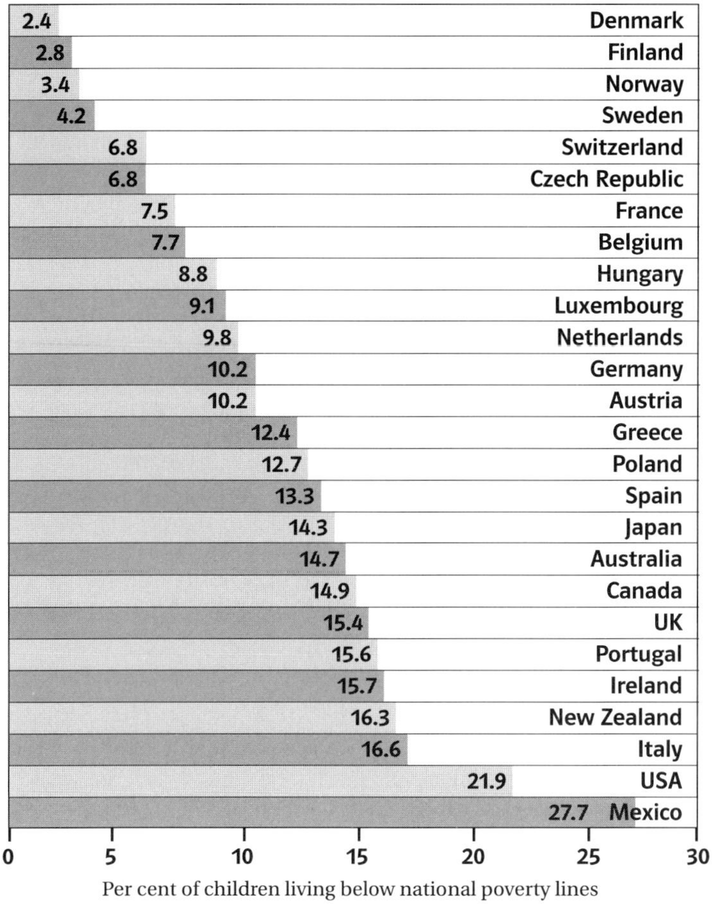

Figure 1
The Child Poverty League
The bars show the percentage of children in 'relative' poverty, defined as house-holds with income below 50 per cent of the national median income (...).

(Quelle: Unicef Innocenti Research Centre. Report Card No. 6. Child Poverty in Rich Countries 2005 (www.unicef.org))

Wir wollen hier nur die Analyse der Statistik üben. Dazu könnte die folgendeFragestellung dienen:

Mögliche Teilaufgabe
In which of the countries presented in the statistics can child poverty be desribed as very low and very high and what may be the reasons?

Beachten Sie die zuvor bei der Auswertung der Statistik empfohlenen Arbeitsschritte.

Konzept für eine mögliche Lösung

- Wenn Sie sich das Säulendigramm anschauen, fällt die große Anzahl von Ländern auf, die hier aufgelistet sind. Bei Ihrer Aufgabenlösung müssen Sie diese Länder nicht im Einzelnen aufzählen. Vielmehr geht es darum, zunächst die Länder zu ermitteln, in denen die Kinderarmut besonders groß bzw. gering ist. Das Mittelfeld der aufgeführten Länder sollte zusammenfassend erwähnt werden.
- Beachten Sie bei Ihrer Aufgabenlösung die Relativität des Armutsbegriffs, indem Sie die Bemessungsgrundlage zu diesem Säulendiagramm nennen.
- Beziehen Sie dann Ihr Vorwissen ein, indem Sie die Gründe für die unterschiedliche Kinderarmut z. B. in den skandinavischen Ländern und in den USA bzw. Mexiko anführen.
- Sie könnten auch schon einige Ideen für die dritte Teilaufgabe (Stellungnahme) hinsichtlich notwendiger ökonomischer und sozialer Maßnahmen zur Überwindung der Kinderarbeit in reichen Ländern notieren und u. a. auch auf die Zunahme der Kinderarmut 2004 in Deutschland auf ca. 1.5 Millionen Kinder eingehen.

7. Wie analysiere ich bildliche Darstellungen wie Fotos und Cartoons?

laif/Agentur für Photos/Aurora

1. Foto

Das hier abgebildete Foto ist eines von zahlreichen anderen weltweit in den Medien verbreiteten Fotos, die den Einschlag der von Terroristen gelenkten Passagierflugzeuge in die beiden Wolkenkratzer des World Trade Center in New York festhalten. Das Foto kann z. B. mit einem Zeitungsartikel zum Terroranschlag am 9. September 2001 vorgelegt werden. Allerdings müsste das Thema auch im Unterricht behandelt worden sein.

Mögliche Aufgabenstellungen

Das Foto lässt sich auch mit dem oben von Ihnen analysierten Artikel *Rejecting militancy, moderate Muslims in Britain are finding their voices* aus der Tageszeitung *International Herald Tribune* vom 7. März 2005 kombinieren, weil das Datum des Terroranschlags in dem Artikel erwähnt wird und der Anschlag auch die muslimische Minorität in Großbritannien in Angst und Schrecken versetzte. Der Artikel würde dann entsprechend den Vorgaben des Lehrplans gekürzt vorgelegt werden.

Es könnte auch zusätzlich eine Statistik z. B. zum militärischen Einsatz oder zu den Opfern des Irakkrieges bzw. der Terroranschläge vorgelegt werden, da der Irakkrieg im Zeitungsartikel als Auslöser für den Beginn der offenen Abgrenzung der gemäßigten Muslime von den Islamisten gesehen wird. Eine Statistik zum Anteil der Muslime an der Gesamtbevölkerung wäre nicht zu erwarten, da die

Zahlen (ca. 2 Millionen, d. h. 3% der Gesamtbevölkerung) ja im Artikel (S. 2, Zeile 92–94) genannt werden.

Beachten Sie bei der Beschreibung und Auswertung (Wirkung) des Fotos auch die **Checklisten 9** und **21**.

Mögliche Teilaufgabe
Characterize and explain the impact of the terror attacks of September 11, 2001, on British Muslims by also analysing the photo.

Mögliche Gliederung der Analyse des Fotos

- Lesen Sie die Aufgabenstellung genau durch, die sich auf das Foto bezieht, so dass deutlich wird, welche Funktion das Foto für die textliche Darstellung haben soll.
- Nennen Sie die Quelle des Fotos, falls sie angegeben bzw. lesbar ist, und ziehen Sie daraus nach Möglichkeit Schlüsse.
- Beschreiben Sie zunächst, was auf dem Foto zu sehen ist, und gehen Sie dabei vom Gesamtbild aus und erst dann auf die wesentlichen Einzelheiten ein.
- Werten Sie das Foto aus, das heißt: Stellen Sie zunächst Intention und Wirkung des Fotos auf den Betrachter dar und dann die politische Bedeutung, d. h. die Auswirkung des dargestellten Terroranschlags auf die amerikanische Bevölkerung und Politik sowie die internationale Terrorbekämpfung
- Gehen Sie dann im Zusammenhang mit dem Zeitungsartikel auf die Bedeutung des im Foto dargestellten Terroranschlags für die moderaten Muslime in Großbritannien ein.

2. Cartoon

Während Fotos vorherrschend reale Gegebenheiten, Ereignisse und/oder Personen bzw. andere Lebewesen wiedergeben, sind Cartoons Zeichnungen, die Ereignisse, Personen, andere Lebewesen usw. humorvoll überzeichnen, ironisieren oder auch satirisch der Lächerlichkeit preisgeben und kritisieren.

Da im analysierten Zeitungsartikel *Rejecting militancy, moderate Muslims in Britain are finding their voices* erwähnt wird, dass die gemäßigten Muslime gegen neue Antiterrorgesetze sind (Zeile 31 f.), könnte der Cartoon Ihnen auch zusammen mit dem (gekürzten) Zeitungsartikel zur Analyse vorgelegt werden.

Allerdings müssten Sie zuvor auch im Unterricht das Thema behandelt haben und wissen, dass das geplante Antiterrorgesetz der britischen Regierung in der Öffentlichkeit umstritten ist; denn einerseits sind zwar wirksamere Maßnahmen nötig, um Terroristen rechtzeitig aufzuspüren und Anschläge zu verhindern. Andererseits wird befürchtet, dass die Rechte der Bürger (z. B. durch die Telefonüberwachung) zu stark eingeschränkt werden und ein „Überwachungsstaat" droht. Kritiker sind auch der Auffassung, dass die Bedrohung durch den Terrorismus in Großbritannien durch die Regierung und die Massenmedien übertrieben wird.

(The Observer, 13 March 2005, © Chris Riddell 2005)

Mögliche Teilaufgabe
Why are new anti-terror laws disputed in Britain and how does the cartoonist show that?

Da Sie ja keine vom Ausgangstext losgelöste Cartoon-Analyse zu erwarten haben, sollten Sie zunächst auf die Textstelle eingehen, die sich auf die Ablehnung von Antiterrorgesetzen durch gemäßigte Muslime in Großbritannien bezieht.

Arbeitsschritte

Bei der Analyse des Cartoons empfiehlt es sich, folgendermaßen vorzugehen:

- Beschreiben Sie zuerst, **was** Sie in dem Cartoon sehen, d. h. wer bzw. was ist dargestellt ?

Hierzu müssten Sie die Beschriftung oben rechts und auf der Brust des Monsters beachten sowie die im Hintergrund dargestellten Apparaturen, die zusammen mit der Darstellung des Monsters auf die Figur Frankenstein hindeuten, die Ihnen aus der Literatur bzw. aus Filmen bekannt sein könnte.

- In einem zweiten Schritt analysieren Sie die Art der Darstellung und ihre Bedeutung.
  Wie sind die Figuren gezeichnet (Größe, Aussehen, Gesichtsausdruck, Gestik usw.) ?

Hier müssten Sie erkennen und darstellen, dass die übergroß gezeichnete und bedrohlich wirkende Frankenstein-Figur das Produkt des als „Wissenschaftler" präsentierten britischen Premierministers Tony Blair ist. Das heißt – übertragen auf das Antiterrorgesetz –, dass der Premierminister für dieses Gesetz verantwortlich ist.

- Interpretieren Sie nun den Text der Sprechblase.
  Was bedeutet der Sprechblasentext ?

Es müsste deutlich werden, dass das von Tony Blair geschaffene und „freudig-entsetzt" begrüßte „Monster" eines Antiterrorgesetzes zur Sicherheit jedes britischen

Bürgers beitragen soll, es sei denn, der Regierung gefalle das Aussehen eines Menschen nicht. Dies könnte auch zu staatlichen Maßnahmen (z. B. Ermittlungen, Festnahmen, Strafverfolgung usw.) führen, die nicht gerechtfertigt sind.

- Analysieren Sie nun, **wie** die Darstellung des Cartoon auf den Betrachter wirkt.

Sie werden vor allem betonen, dass die Zeichnung einerseits durch die Darstellung des Monsters Bedrohung zum Ausdruck bringt, andererseits aber auch durch Übertreibung lächerlich wirkt, insbesondere auch durch die Darstellung Tony Blairs (als *insane*?).

- Welche Intention verfolgt der Cartoonist mit den von ihm gewählten Mitteln der Darstellung?

Offenbar intendiert der Cartoonist eine satirische Darstellung, mit der er das Antiterrorgesetz kritisiert bzw. ablehnt.

Da Cartoonisten den Betrachter häufig auch zur eigenen Meinungsbildung herausfordern oder provozieren wollen, können Sie einen Cartoon selbstverständlich auch kritisieren. Wenn die Aufgabenstellung es verlangt, müssen Sie zur Intention und Darstellung des Cartoon Stellung beziehen, sei es zustimmend, ablehnend oder die Vor- und Nachteile abwägend. Es ist selbstverständlich, dass Sie dabei Ihre Position begründen.

8. Wie analysiere ich einen Filmausschnitt?

Ein Filmausschnitt wird Ihnen stets zusammen mit einem Ausgangstext (z. B. Filmkritik) vorgelegt, auf den sich der Filmausschnitt bezieht (vgl. **Checkliste 10**).

Drama von Shakespeare

Wenn Sie im Unterricht die Verfilmung eines Dramas von Shakespeare gesehen und Ausschnitte daraus analysiert haben, ist die Wahrscheinlichkeit groß, dass Sie auch in der schriftlichen Abiturprüfung eine entsprechende Aufgabe gestellt bekommen. Dabei müssen Sie die im Unterricht erworbenen methodischen und filmsprachlichen Kenntnisse anwenden (vgl. **Checkliste 23**).

Mögliche Aufgabenstellung

Wenn Sie im Unterricht bei der Erarbeitung eines Shakespeare-Dramas auf die Elisabethanische Zeit eingegangen sind, könnte Ihnen ein Ausschnitt aus dem englischen Film *Elizabeth* (1998) zur Analyse vorgespielt werden, z. B die ca. 4 Minuten dauernde Schlusssequenz, in der die Wandlung Elizabeths von einer attraktiven und lebensfrohen jungen Frau zur vereinsamten „jungfräulichen Königin“ (Virgin Queen) dargestellt wird, die das Land mit eisernem Willen regieren muss. Dabei wird die äußere Veränderung symbolisch als innerer Wandel vermittelt.

Dieser Eindruck wird durch die filmischen Mittel verstärkt, die der Regisseur in dieser Sequenz einsetzt. Ihre Aufgabe besteht also darin, die Filmhandlung im Zusammenhang mit den filmsprachlichen Mitteln zu analysieren. Sie müssen also die dominanten filmsprachlichen Elemente in ihrer Funktion und Wirkung untersuchen. Dazu ist es sehr hilfreich, wenn Sie auf Konzeptpapier einen Beobachtungsbogen skizzieren und im Laufe des zweiten und dritten Vorspielens des Filmausschnitts ausfüllen (vgl. **Checkliste 10**).

Mögliche Teilaufgabe
Prove the critic's statement "The final sequence of the film Elizabeth shows the transformation of a happy young woman to the isolated 'Virgin Queen' by also analysing the predominant elements of film language.

Konzept der Analyse der Filmsequenz

- This sequence of the film begins with the close-up of the natural face of Elizabeth whose hair is cut short by her lady-in-waiting who is weeping all the time whereas Elizabeth does not show her emotions. During this scene her cut off hair falling down is shown by extreme close-ups several times (also the white make-up on her hand) to underline Elizabeth's change from an attractive young woman to the Queen.
- The flashbacks when Elizabeth's face is shown contrast her feelings and her former life with the formal ceremony of her enthronement.
- Then there is a fade-in of Elizabeth appearing out of the lightness of the scene before passing her subjects who kneel down and are shown by a high angle shot, which stresses their inferior rank and loyalty to the Queen who on her way to the throne addresses one of the Lords telling him that she is now married to England. After that she also looks down at a young nobleman whose face is shown by a close-up stressing his feelings.
- When walking to the throne she is presented by a medium close-up showing her mask-like white face. She seems to approach the viewer who sees her turning round in front of the throne, sitting down and looking down at her subjects.
- The film ends with a full shot showing Elizabeth in her coronation robes sitting on the throne, emotionless and alone, which stresses both the power and the loneliness of the "Virgin Queen", who fades out before some statements about her reign of 40 years called the Golden Age can be read on the dark screen.
- Throughout the sequence of scenes serious choral music can be heard to stress the seriousness of the action and possibly evoke the viewers' compassion for a young and sensitive woman whose duty as Queen is to rule the country with a will of stone.

9. Wie interpretiere ich ein Shakespeare-Sonett?

Da Sie in der Regel davon ausgehen können, dass im Oberstufenunterricht sowohl ein Shakespeare-Drama (im Grundkurs zumindest in Auszügen) als auch einige seiner Sonette interpretiert werden, ist die Wahrscheinlichkeit groß, dass Ihnen in der schriftlichen Prüfung eines der 154 Sonette des Dichters vorgelegt wird oder ein Sonett eines anderen englischen Dichters.

Kenntnisse zum Sonett

Dabei werden Sie die im Unterricht vermittelten Kenntnisse zur Sonettform sowie zum Sonettzyklus Shakespeares einbeziehen müssen.

A short history of the sonnet and its form

The sonnet is a poem that has 14 lines, each containing 10 or 11 syllables, and a fixed pattern of rhyme. The Italian sonetto (the word is derived from sonare which means to sound) became very popular when Petrarch (1304–1374) wrote 327 sonnets about the life and death of Madonna Laura.

The Italian or Petrarchan sonnet is divided into an octave (the first eight lines) and a sestet (the last six lines), generally corresponding to the train of thought: the statement of a general idea in the octave is followed by a specific example in the sestet.

Famous English poets such as Milton, Wordsworth and Keats have also written notable sonnets in the Italian form usually rhyming abba abba cde cde, the sestet sometimes is cd cd cd, or a variant.

The English or Shakespearean sonnet differs from the Italian sonnet and was first realised by Surrey (1517–1547). It is usually arranged in three quatrains (four-liners) and a final couplet (two-liner), rhyming abab cdcd efef gg, and is written in iambic pentametre (fünfhebiger Jambus).

Thus the English sonnet may give three examples – one in each quatrain – and draw a conclusion (the final statement) in the couplet. The traditional topic of sonnets is love and sonnet sequences such as those by Petrarch and Shakespeare form a related series of lyrical explorations on love or friendship, betrayed love, love renewed, etc.

Most of the sonnets of Shakespeare's sonnet sequence (written about 1590 and first published in 1609) are about the friendship between himself and a young nobleman (probably the Earl of Southampton, his patron, giving money and support to the poet). Several other sonnets deal with the conflict between the poet and his patron referring to a "dark lady" (possibly Mary Finton, a lady-in-waiting of the Queen) and a rival poet. But as writing sonnets was a fashion in the Renaissance, also Shakespeare's sonnets reflect both poetic convention and personal experience.

Auch bei der Interpretation eines Sonetts beachten Sie die Arbeitsschritte vom ersten Durchlesen, über das Markieren des Gedichts und die Erstellung einer Gliederung bzw. eines Konzepts bis zur abschließenden Überprüfung und Korrektur Ihrer Arbeit (vgl. die **Checklisten 14 und 25**).

Zur angemessenen Interpretation eines Gedichts gehört es selbstverständlich auch, dass Sie das entsprechende Fachvokabular verwenden (vgl. **Checkliste 20**).

Lesen Sie also zunächst das folgende Shakespeare-Sonett 73 durch.

Corbis GmbH/Hellier

That time of year thou mayst in me behold
When yellow leaves, or none, or few, do hang
Upon those boughs which shake against the cold,
Bare ruin'd choirs, where late the sweet birds sang.
In me thou see'st the twilight of such day
As after sunset fadeth in the west;
Which by and by black night doth take away,
Death's second self, that seals up all in rest.
In me thou see'st the glowing of such fire,
That on the ashes of his youth doth lie,
As the death-bed whereon it must expire
Consum'd with that which it was nourish'd by.
This thou perceiv'st, which makes thy love more strong,
To love that well which thou must leave ere long.

(Source: The Complete Works of William Shakespeare. Edited by W. J. Craig. London: Oxford University Press 1955, p.1116)

Annotations:
line 4: Bare ruin'd choirs – empty ruined churches
line 8: Death's second self – Shakespeare frequently compares death and night or death and sleep in his works
line 10: ashes of his youth – the ashes of youthful desire
line 12: Consum'd ...nourished: extinguished by the ashes of the wood that formerly nourished the fire
line 14: leave ere long – the speaker will soon die

Teilaufgaben

Zu diesem Sonett könnten die folgenden **Teilaufgaben zu den Bereichen *Comprehension*, *Analysis* und *Comment*** gestellt werden:

1. **Describe the speaker's train of thought and the message of this sonnet .**
2. **What formal and poetic devices does Shakespeare use to illustrate and intensify his view?**
3. **Considering your knowledge about Shakespeare's patron and the poet's message, do you believe that this sonnet is still worth reading today?**

Bearbeiten Sie nun die drei Teilaufgaben nacheinander.

1. Teilaufgabe
Describe the speaker's train of thought and the message of this sonnet.

Text markieren

- Markieren der Sinnabschnitte

  Zunächst sollten Sie das Sonett in Sinnabschnitte unterteilen und dies im Text z. B. durch Striche, Haken oder Klammern markieren. Die Sinnabschnitte entsprechen bei diesem Sonett auch der äußeren Form des Gedichts (3 Quartette, ein Zweizeiler).

- Unterstreichen Sie nun die Schlüsselwörter bzw. Wendungen, die für die Aufgabenlösung wichtig sind.

- Nummerieren Sie die Sinnabschnitte am Rand und notieren Sie den jeweils ausgedrückten Gedanken möglichst mit eigenen Worten.

Der markierte Text könnte wie folgt aussehen:

That time of year thou mayst in me behold
When yellow leaves, or none, or few, do hang
Upon those boughs which shake against the cold,
Bare ruin'd choirs, where late the sweet birds sang.

1 the last part of autumn, nearly the beginning of winter (a few or no leaves, cold, no songbirds)

In me thou see'st the twilight of such day
As after sunset fadeth in the west;
Which by and by black night doth take away,
Death's second self, that seals up all in rest.

2 dusk, just before the beginning of the night when all living beings fall asleep

In me thou see'st the glowing of such fire,
That on the ashes of his youth doth lie,
As the death-bed whereon it must expire
Consum'd with that which it was nourish'd by.

3 last glowing of a fire, just before going out

This thou perceiv'st, which makes thy love more strong,
To love that well which thou must leave ere long.

4 love becomes stronger when realizing that you must soon leave what you love

1 → 3 The period of time is getting shorter and shorter, which means the speaker's life will soon come to its end/his death draws nearer.

4 The person addressed by the speaker is supposed to recognize that your love/friendship becomes stronger when you realize that you must soon leave what you love.

Anmerkung zur Interpretation des Sonetts, insbesondere des Zweizeilers:
Wenn Sie im Unterricht einige Shakespeare-Sonette analysiert haben, dann wird Ihnen bekannt sein, dass Shakespeare sich mit den Sonetten an seinen Mäzen (*patron*) wendet und ihn in dem Sonett 73 zu einer intensiveren Freundschaft auffordert. Außerdem wissen Sie, dass zur Shakespeare-Zeit mit love auch *friendship* gemeint sein kann.

Konzept/ Reinschrift

- Entwerfen Sie nun auf der Basis Ihrer Markierungen des Sonetts ein Konzept für die Aufgabenlösung oder schreiben Sie die Aufgabenlösung bereits anhand des markierten Textes auf Konzeptpapier oder schon teilweise bzw. vollständig in Reinschrift nieder.
- Ein praktischer Hinweis: Wenn Sie bei den Klausuren, die Sie schon geschrieben haben, die Erfahrung machten, dass Ihre Markierungen und Annotierungen eines Ausgangstextes unter den Aspekten Comprehension und Analysis trotz der Verwendung verschiedener Farben und Zeichen so zahlreich sind, dass dies verwirrend wirkt, so sollten Sie die inhaltlichen Annotierungen sofort auf das Konzeptpapier schreiben, so dass am Rande des Gedichts genügend Platz für die sprachanalytischen Annotierungen bleibt.

Mögliches Konzept der inhaltlichen Interpretation:

Einleitung:

The topic of this sonnet is death and friendship, which Shakespeare presents by a sequence of images.

Hauptteil:

1. In the first quatrain the last part of autumn, nearly the beginning of winter is described (a few or no leaves on the boughs, cold wind, no songbirds).

2. In the second quatrain dusk just before the beginning of the night is depicted when all living beings fall asleep (after sunset, twilight, black night, rest)
3. In the third quatrain the last glowing of a fire is described, just before going out (ashes, expire)
4. In the final couplet a conclusion is drawn: Since the patron realizes that the speaker (also Shakespeare?) will soon die, his friendship with the poet should become closer.

Schluss:

Thus Shakespeare combines the traditional themes of love or friendship and transitoriness of life in order to stress how valuable love or friendship is in the face of death.

2. Teilaufgabe
What formal and poetic devices does Shakespeare use to illustrate and intensify his view?

Bei dieser Teilaufgabe wird verlangt, dass Sie die Sonettform und die poetischen Stilmittel erfassen, die zur Veranschaulichung des Gedichtinhalts bzw. zur Verstärkung der Aussage beitragen.

Wiederholung der Arbeitsschritte

- Halten Sie sich an die Phasen des Schreibprozesses (**Checkliste 5**), um die Gedichtanalyse möglichst zielstrebig zu erstellen.
- Ziehen Sie die **Checkliste 20** zu Rate, um die treffenden poetischen Begriffe zu verwenden.
- Beziehen Sie die Gedankenentwicklung (vgl. die erste Teilaufgabe), das heißt die Struktur des Gedichts, mit ein, wenn Sie auf die äußere Form des Sonetts eingehen.

Text markieren

Die Markierung und Annotierung des Sonetts könnte wie folgt aussehen:

		rhyme scheme: cross rhyme → movement	
3 images of decay	*That time of year thou mayst in me behold*	a	
↓	*When yellow leaves, or none, or few, do hang*	b rhythm	enumeration
late autumn	*Upon those boughs which shake against the cold,*	a assonance	
	Bare ruin'd choirs, where late the sweet birds sang.	b enumeration	
↓	*In me thou see'st the twilight of such day*	c	
	As after sunset fadeth in the west;	d	
very last part of a day	*Which by and by black night doth take away,*	c personification	alliteration/ sound effect
	Death's second self, that seals up all in rest.	d	destruction
↓	*In me thou see'st the glowing of such fire,*	e repetition	
	That on the ashes of his youth doth lie,	f anthithesis	metaphor
extinguishing fire	*As the death-bed whereon it must expire*	e anthithesis	metaphor
	Consum'd with that which it was nourish'd by.	f	
↓	*This thou perceiv'st, which makes thy love more strong,*	g alliteration	assonance
conclusion	*To love that well which thou must leave ere long.*	g repetition	alliteration/ assonance

- - - ► anthithetical structure

- Nachdem Sie wesentliche formale und poetische Stilmittel markiert haben, müssen Sie im Hinblick auf die Aufgabenstellung überlegen, welche dieser Mittel eher zur Veranschaulichung des Gedichtinhalts beitragen und welche Elemente eher zur Verstärkung der Aussage dienen. Beachten Sie dazu auch Punkt 5 der **Checkliste 20**.
- Versehen Sie die markierten poetischen Mittel mit Zahlen, um die Gliederung der Aufgabenlösung vorzubereiten.

Gliederung

- Verfassen Sie die Gliederung auf dieser Basis. Überlegen Sie, ob Sie sich an der in der Aufgabenstellung vorgegebenen Gliederung orientieren wollen. Das heißt: Sie beginnen mit der Analyse der Form und Struktur des Gedichts und gehen dann zunächst auf die Stilmittel ein, die zur Veranschaulichung des Gedichtinhalts beitragen, und danach auf die Mittel, die die Aussage verstärken. Offenbar ist diese Reihenfolge bei diesem Sonett sinnvoll, weil Shakespeare in den drei Quartetten jeweils ein anschauliches Bild gestaltet, um dann im Zweizeiler die Schlussfolgerung zu betonen.

- Da Sie die Fundstellen angeben müssen, notieren Sie die Zeilen, in denen Shakespeare die poetischen Mittel verwendet, die Sie als Belege für Ihre Analyse angeben wollen. Dabei handelt es sich natürlich um eine repräsentative Auswahl.
- Geben Sie möglichst die Funktion bzw. Wirkung des jeweiligen Stilmittels an.
- Auf der Grundlage der Gliederung entwickeln Sie nun das Konzept Ihrer Aufgabenlösung.

Das Konzept der Form- und Sprachanalyse könnte so aussehen:

Einleitung:

Shakespeare uses numerous and various poetic devices to convey a vivid impression of decay and death in order to underline the value of love at the end of the sonnet.

Hauptteil:

1. Sonnet form:
- It corresponds to the structure of the poem: sequence of three images, each in one quatrain – cross rhyme supporting the development towards death
- pair rhyme an adequate means to express the final statement in a concise way

2. Vivid impression
- Three images of decay, which convey the impression that time is running out
- metaphors (l. 10, l. 11)
- simile (ll. 5 f.)
- rhythm (l. 2) similar to the shaking of the boughs, the wind
- assonance and its poetic sound effect (e. g. l. 3, l. 13, l. 14)
- personification of the night as a form of Death
- the repetition of hissing sounds (l. 8) having a threatening and destructive effect
- enumeration to give a more detailed impression (l. 2, ll. 3 f.)

3. Intensification

- use of words belonging to the word field of seeing: behold (l. 1), see (ll. 5 and 9), perceive (l. 13) to stress the idea that the speaker wants the patron to realize the signs of death, which is intensified by the use of repetition (ll. 5 and 9), which also structure the sonnet
- antithesis (l. 10, l. 11, l. 14; antithetical sonnet structure: ll. 1–12 vs. ll. 13 f.)
- alliteration (l. 8, l. 13, l. 14)
- repetition (ll. 13 f.) to stress the value of love

Schluss:

Thus Shakespeare does not only use various poetic devices to prove that he is able to write a conventional sonnet but he also uses them to express the value of love in the face of death, which is particularly underlined by the antithetical structure of the whole sonnet and its last line.

3. Teilaufgabe
Considering your knowledge about Shakespeare's patron and the poet's message, do you believe that this sonnet is still worth reading today?

Wie bei allen Stellungnahmen haben Sie die Möglichkeit, die Frage zu bejahen, zu verneinen oder abwägend (pro und contra) zu beantworten. Wesentlich ist, dass Sie Ihre Position argumentativ begründen.

Sie könnten also z. B. darauf hinweisen, dass heutzutage insbesondere junge Leute ältere Gedichte oder auch Gedichte überhaupt nicht lesen, sondern eher Songtexte verstehen wollen.

Andererseits kann Ihnen bei der Interpretation einiger Shakespeare-Sonette im Unterricht deutlich geworden sein, dass Shakespeare nicht nur einer Sonettmode der Renaissancezeit folgt, sondern Einsichten vermittelt, die auch für Sie selbst bedeutsam sein können, wie z. B. im Sonett 73.

3. Teil

Typische Klausurbeispiele unter Abiturbedingungen für den Leistungskurs

Zentrale Abiturvorgaben für den Leistungskurs

Entsprechend den Abiturbedingungen (vgl. die **Checklisten 1** und **2**) und den jeweiligen Vorgaben für die zentrale Aufgabenstellung wird Ihnen ein Vorschlag für die schriftliche Reifeprüfung vorgelegt, der aus zwei Aufgaben besteht. Eine davon wählen Sie zur Bearbeitung aus (vgl. die **Checklisten 3** und **4**).
Es werden z. B. für die schriftliche Abiturprüfung im Jahr 2009 für den **Leistungskurs** die folgenden Unterrichtsinhalte vorausgesetzt, auf die sich die Prüfungsaufgaben beziehen können:

1. Inhaltliche Schwerpunkte

- British and American traditions and visions
  - British history: From Empire to Commonwealth, monarchy and modern democracy, the UK and Europe
  - The American Dream then and now
- Globalization – global challenges
  - Economic and ecological issues
  - International peace-keeping at the turn of the century: the role of the UN and the USA
- Post-colonialism and migration
  - The post-colonial experience in India
  - The role of the New English Literatures: Indian and Pakistani communities in Britain
- Shakespeare – a literary 'giant' in the 21st century
  - Shakespeare and the Elizabethan World
  - In-depth study of a play and corresponding film passages/scenes from theatre performances
- Utopia and dystopia – exploring alternative worlds
  - Science and ethics: genetic engineering
  - Science fiction, fantasy and utopia

2. Medien und Materialien

- Sach- und Gebrauchstexte
  - Textformate der Druckmedien: Kommentare und Leitartikel der internationalen Presse
  - Textformate der öffentlichen Rede: Politische Rede

- Literarische Texte
  - Roman: Paul Auster, Moon Palace oder Aldous Huxley, Brave New World
  - Drama: Shakespeare, Romeo and Juliet
  - Lyrik: Shakespeare's sonnets and Elizabethan poetry
- Spielfilm
  - Damien O'Donnell, East is East

Anmerkung: Im Abitur 2009 müssen Sie noch nicht damit rechnen, dass Sie einen Hörtext oder einen Filmausschnitt analysieren müssen. Es kann sich jedoch eine Teilaufgabe auf den hier genannten Film beziehen, die die Kenntnis des Films also voraussetzt.

Zur Textauswahl und zu den inhaltlichen, methodischen und sprachlichen Voraussetzungen

Die im zweiten Teil dieses Buches als Übungstexte ausgewählten Ausgangstexte beziehen sich auch auf diese Vorgaben. So bezieht sich der Ausgangstext *Rejecting militancy, moderate Muslims in Britain are finding their voices* auf die Themen *International peace-keeping* und *post-colonialism and migration* sowie auf das Textformat *Zeitungsartikel*. Sie konnten also im Abitur zum Beispiel mit dem Vorschlag rechnen, entweder einen solchen Zeitungsartikel zu bearbeiten oder ein Shakespeare-Sonett zu interpretieren.

Im Folgenden werden Ihnen zwei typische Abiturvorschläge vorgestellt, die jeweils aus zwei Aufgaben bestehen, von denen Sie eine zur Erarbeitung auswählen müssen. Entweder entscheiden Sie sich für die Erarbeitung der Aufgabe, die sich auf einen Sachtext bezieht, oder für die Aufgabe, die sich auf einen literarischen Text bezieht.

Außerdem können Sie zwischen der Stellungnahme und der produktionsorientierten Teilaufgabe wählen.

Voraussetzungen für die Erarbeitung der Aufgaben des ersten Vorschlags
Für die Erarbeitung des Sachtextes (Anfang eines Artikels aus dem Nachrichtenmagazin *Newsweek*) ist die Kenntnis folgender Themen und Textformate erforderlich: *Globalization – global challenges*; *The post-colonial experience in India* und *Textformate der Druckmedien* (hier: *Zeitungs- bzw. Zeitschriftenartikel*).

In methodischer Hinsicht müssen Sie in der Lage sein, dem Zeitschriftenartikel der Aufgabenstellung gemäß Informationen zu entnehmen, Foto und Statistik textbezogen zu analysieren und zum Problem der Globalisierung Stellung zu nehmen bzw. ein Interview zu verfassen, und zwar in klarer und folgerichtiger Weise.

Im Hinblick auf Ihre sprachliche Leistung müssen Sie insbesondere den grundlegenden Sach- und Fachwortschatz zu den Themen Indien, Industrialisierung und Globalisierung beherrschen sowie die sprachlichen Mittel der Informationsverarbeitung, der Analyse und Stellungnahme. Die Merkmale des Textformats Interview müssen Ihnen vertraut sein, wenn Sie diese Teilaufgabe bearbeiten.

Für die Analyse des literarischen Textes, d. h. des Auszugs aus der *short story* von Hanif Kureishi, wird vorausgesetzt, dass Sie im Unterricht das Thema *The role of the New English Literatures: Indian and Pakistani communities in Britain* behandelt haben sowie den Film *East is East*. Sie müssen in der Lage sein, dem Textausschnitt die der Aufgabenstellung gemäßen Informationen zu entnehmen, die vom Autor verwendeten Stilmittel zu analysieren sowie eine vergleichende Stellungnahme zur Textvorlage und dem im Unterricht behandelten Film *East is East* vorzunehmen. Ihre Aufgabenlösungen müssen klar und folgerichtig aufgebaut sein.

Dabei müssen Sie den entsprechenden Sach- und Fachwortschatz beherrschen, insbesondere auch die für die Analyse eines erzählerischen Textes und eines Films erforderliche Begrifflichkeit (vgl. die **Checklisten 17** und **23**).

Voraussetzungen für die Erarbeitung der Aufgaben des zweiten Vorschlags
Die Erarbeitung des Sachtextes erfordert die Kenntnis folgender Themen und Textformate: *The American Dream then and now; Economic and ecological issues – towards sustainable development* und *Textformate der Druckmedien (hier: Zeitungs- bzw. Zeitschriftenartikel)* sowie *Textformate der öffentlichen Rede: Politische Rede.*

In methodischer Hinsicht wird vorausgesetzt, dass Sie der Textvorlage entsprechend der Aufgabenstellung Informationen entnehmen können, den Artikel zu analysieren vermögen und in der Lage sind, zum „neuen" American Dream Stellung zu nehmen bzw. eine Rede zu verfassen.

Dabei wird erwartet, dass Sie den erforderlichen Sach- und Fachwortschatz beherrschen sowie die sprachlichen Mittel der inhaltlichen Darstellung, der Analyse und Stellungnahme sowie die Merkmale der politischen Rede kennen.

Bei der Erarbeitung des Romanauszugs ist es erforderlich, dass Sie über Kenntnisse der folgenden Themen und Texte verfügen: *Utopia and dystopia – exploring alternative worlds; A. Huxley, Brave New World.*

Den vorliegenden Romanausschnitt müssen Sie der Aufgabenstellung gemäß inhaltlich erfassen und hinsichtlich der literarischen und sprachlichen Mittel analysieren. Außerdem wird erwartet, dass Sie die Textvorlage im Vergleich zu Huxleys Roman diskutieren können oder in einem argumentativen Essay zu evaluieren vermögen.

Dazu ist der entsprechende Sach- und Fachwortschatz erforderlich (vgl. **Checkliste 17**) sowie die Fähigkeit, die Lösungen der Teilaufgaben folgerichtig aufzubauen, insbesondere auch den Essay.

Der hier dargestellte jeweilige **Erwartungshorizont** bezieht sich auf eine **gute** inhaltliche und sprachliche Leistung.

Klausur 1

Future Factories by Jason Overdorf (Newsweek, March 7, 2005, pp. 42 f.) – beginning of the article (482 words) plus photo and statistics

Business

The surprise is that India's manufacturing revolution is starting at the high end.

BY JASON OVERDORF

AT A FACTORY IN GREATER Noida, an industrial suburb of Delhi, workers step through a series of "air showers" that blast the grime of one of the world's most polluted cities off their clothes. Then they pull on white overalls, white hoods and plastic sandals before passing through an air lock into the "clean room" of Moser Baer, the world's third largest manufacturer of optical media, including CDs, VCDs and DVDs. Inside, rows of machines silently inject, coat, harden, finish, flip and label the shining disks, as a few white-suited workers adjust dials. Clean, quiet, heavily automated and nearly depopulated, this is the look of a nascent manufacturing revolution in India.

To anyone familiar with the Subcontinent, this picture comes as a surprise. Not so long ago even Indian consumers believed that Indian-made products were shoddy. Before the country began to liberalize its economy in 1991, the so-called license Raj stifled competition with red tape and nurtured inefficient makers of second-rate products. Even by the late '90s, as India began to emerge as a global power in information-technology services, the country remained a laggard in manufacturing. But lately India's manufactured exports have risen, from about \$37 billion in 2002, to about \$54 billion by 2004, and they could reach \$300 billion by 2015, analysts say, as multinationals invest more heavily in India as a manufacturing base. Something similar happened in China, of course. But in India the early players are interested in the talent pool of chemists, designers and engineers, not low-skilled labor.

Look at headlines from the past 12 months: Nokia and LG Electronics unveiled plans to begin handset production in India. Hyundai, which has already exported about 50,000 cars from India, said it plans to make India its export hub for auto components. Toyota opened a factory that will make manual transmissions for vans, SUVs and small trucks produced in Thailand, the Philippines, South Africa and Latin America. Last month, Siemens announced plans to invest more than \$ 500 million by 2009 in new and expanded factories in India.

Even picky German engineers are coming to associate India with quality. Jürgen Schubert, who heads Siemens's operations in the country, says that for years the company's quality testers in Germany stamped his Indian-made products "inferior", no matter how good they were. So in the late '90s, Schubert stuck MADE IN GERMANY on a shipment of Indian parts, and they passed inspection. "After I pointed that out to them," he says, "we no longer had any problems."

Multinationals have helped raise standards by encouraging Indian suppliers to modernize. When the big players entered the local auto market after liberalization in 1991, they assembled vehicles in India but imported many of the components. Now most of them are building cars using 70 to 90 percent local parts and materials.

Strong and steady

Despite a stumble in 2002, the value of India's manufacturing exports has been surging.

Growth in value of exports	2000	'01	'02	'03
Total exports	**21%**	**-2%**	**20%**	**21%**
Manufactured goods	24	-2	20	23
Pharmaceuticals	16	7	29	25
Transport equipment	22	0	36	46
Machinery	34	9	17	39
Industrial chemicals	39	-9	24	14

Source: Ministry of Commerce

FUTURE FACTORIES

Annotations

l. 12	VCD	video compact disc
l. 43	LG Electronics	Lucky Goldstar Electronics, Taiwan
l. 49	SUV	Sport Utility Vehicle

Photo and statistics are part of the Newsweek article.

Aufgabenstellung

1. Explain the subtitle of this article about Future Factories by referring to the text. (*Comprehension*)

2. To what extent do the photo and the statistics contribute to understanding India's manufacturing revolution ? (*Analysis*)

3. You have a choice here:

3.1 Comment on India's manufacturing revolution considering the problem of economic globalisation against the backdrop of the general situation in India. (*Evaluation: comment*)

3.2 Write an interview with the manager of a multinational company about investing in India under the aspect of economic globalisation against the backdrop of the general situation in India. (*Evaluation: (re-)creation of text*)

Hilfsmittel: Einsprachiges Wörterbuch
Zweisprachiges Wörterbuch

Erwartungshorizont zur Klausur 1 (*Future Factories*)

1. Explain the subtitle of this article about Future Factories by referring to the text. (*Comprehension*)

Bezogen auf die erste Teilaufgabe wird erwartet, dass Sie die folgenden Informationen in sinnvoller und folgerichtiger Weise wiedergeben:

Einleitung:
With the subtitle of his article Jason Overdorf underlines that the recent beginning of producing high quality products in India is revolutionary and surprising.

Hauptteil:
- The cleanliness of the factory and its workers contrast with the dirt and pollution of Delhi
- Since the end of the 20th century India has become very successful in information technology
- The rise of exports of manufactured goods has followed since 2002
- Multinational companies heavily invest in India because of the highly qualified workforce
- They are not interested in low-skilled workers
- Companies from various nations are planning to set up or expand factories in India
- Indian manufactured goods are no longer considered low quality products
- Multinationals raise production standards by modernizing factories
- Nowadays India produces cars without being dependent on the import of the components

Schluss:
Thus the so-called global players enable India to become a successful manufacturer of quality products.

2. To what extent do the photo and the statistics contribute to understanding India's manufacturing revolution? (*Analysis*)

Bei der Bearbeitung der zweiten Teilaufgabe müssen Sie untersuchen, inwieweit das Foto und die Statistik zum Textverständnis beitragen:

Da das Foto eine Illustration des ersten Textabschnitts darstellt und die Statistik sich auf den erst später erwähnten Exporterfolg bezieht, sollten sie auch in dieser Reihenfolge textbezogen analysiert werden.

Einleitung:
The author does not only describe India's manufacturing revolution but illustrates his article with a photograph of a factory and the statistics about India's manufacturing exports.

Hauptteil:

1. Photograph

- The photograph shows a long room in an optical-media factory.
- It is extremely clean and the workers' bodies are totally covered by white overalls and hoods to protect the place and the production from any kind of pollution
- That is why the workers also wear sandals.
- Only six workers can be seen who control the production at computers
- The products are automatically produced in several cabins isolated from the outside to keep them unspoiled
- On the left hand side two fire extinguishers remind the viewer of the factory's safety regulations

On the one hand the photograph illustrates what the author describes in the first paragraph of his article so that the reader can see what such a workplace really looks like. On the other hand it confirms some other elements that cannot easily be derived from the picture but are mentioned in the text, such as the products themselves (cf. ll. 11 f.) and the single steps of the production process (cf. ll. 13–15).

2. Statistics

- Whereas in the text the rise of manufactured exports since 2002 is given in billion dollars, the statistics show the growth in value of exports in percent from 2000 to 2003.
- It is a steady rise apart from a backlash in 2002.
- The statistics also inform about the main export goods of which transport equipment and machinery are exceptionally successful, also pharmaceuticals.
- In the text also a prognosis for the future exports until 2015 is presented, whereas the statistics end in 2003 because only reliable data are included.

Contrary to the photo the statistics only contain numbers in order to inform the reader in a rather abstract but exact way.

3. You have a choice here:

3.1 Comment on India's manufacturing revolution considering the problem of economic globalisation against the backdrop of the general situation in India. (*Evaluation: comment*)

Da Sie bei der Stellungnahme vom vorliegenden Text ausgehen müssen, sollten Sie zunächst die Textstellen ermitteln, die bezogen auf die Aufgabenstellung relevant sind. Da das Problem der ökonomischen Globalisierung einbezogen werden muss, worüber Sie im Unterricht differenziertere Kenntnisse erworben haben, kommen insbesondere die folgenden Textstellen als Ausgangspunkte für die Lösung dieser Teilaufgabe in Frage:

- one of the world's most polluted cities (ll. 5 f.)
- heavily automated and nearly depopulated (ll. 16 f.)
- economic liberalisation (ll. 24 f.)
- global power (34)
- multinationals invest … heavily (l. 36; ll. 42–54)
- the early players are interested in the talent pool of chemists, designers and engineers, not low-skilled labor

Bezogen auf diese Aspekte könnten Sie also in Ihrer Stellungnahme zunächst die Vor- und Nachteile einer globalisierten Wirtschaft erörtern, und zwar:

Pro

- By their investments multinational companies help India become a global economic power
- The liberalisation of its economy contributes to higher standards and quality products
- Highly skilled employees get well-paid jobs
- Automation in high-tech industry helps produce high quality products faster

Con

- Multinationals invest in developing and low-cost countries and export workplaces from developed countries such as Britain or Germany
- The danger of economic liberalisation is that smaller companies are not able to survive the growing competition on the world market
- Low-skilled labour is neglected and leads to an increase of unemployment
- Automation means the reduction of workplaces or the loss of jobs
- More factories means more pollution of the cities

Aufgrund Ihrer Kenntnisse über die historische, politische, wirtschaftliche und kulturelle Lage Indiens können Sie in Ihrer Stellungnahme auch einige der folgenden Aspekte berücksichtigen:

Pro

- Multinationals are not interested in establishing factories at trouble spots. So they might contribute to a peaceful settlement of the Indian-Pakistani conflict about Kashmir, also because both countries are nuclear powers, which nearly led to the outbreak of an atomic war in 2002.
- Economic progress in India might also improve education and vocational training, also for women
- The economic growth of about 7% on average since 1994 might also improve the living conditions of the poor

Con

- There are still religious conflicts between Hindus and Muslims
- Multinationals are only interested in investing money in big cities or industrialised regions, whereas 80 % of India's population live in villages under poor conditions
- Extreme hunger, poverty and diseases due to the population explosion and also the Hindu caste system
- The pollution of the environment is increasing
- The gap between the rich and poor in India widens
- In the villages girls and women are still discriminated against.

Sie könnten abschließend auch auf Mahatma Gandhis Prinzip der sozialen Verantwortung und Gerechtigkeit Bezug nehmen, dem sich auch multinationale Konzerne verpflichtet fühlen sollten.

3.2 Write an interview with the manager of a multinational company about investing in India under the aspect of economic globalisation against the backdrop of the general situation in India. (*Evaluation: (re-)creation of text*)

Interviewer (Int): Good morning Mr Singh.
Manager (M): Good morning Mr Müller. How are you?
Int: Fine. Thank you.
M: Please, take a seat. Would you like to have a cup of coffee?
Int: That would be nice, thank you.
M: Well, you wrote a letter in which you asked me for an interview about India's industrialization and economic success.
Int: Yes. I would like to know more about the reasons why India has become such a successful producer of quality products.
M: As you certainly know multinational companies invest a lot of money in India and help the country to become a global economic power. The liberalisation of its economy contributes to higher standards and the production of quality products. We have highly skilled employees, engineers and workers who are well-paid. Moreover, automation in high-tech industry helps produce high quality products faster at a reasonable price.
Int: But multinationals invest in developing and low-cost countries such as India and thus endanger jobs in developed countries such as Britain or Germany.
M: Well, globalisation means world-wide competition and the capital invested in low-cost countries such as India or China contributes to higher profi ts.
Int: But the danger of economic liberalisation is that smaller companies are no longer able to survive the growing competition on the world market. Low-skilled labour is neglected and leads to an increase of unemployment, which is also caused by automation.

M: I admit that this is a problem that has not yet been solved. But I don't see how high-tech industry could be successful without automation.

Int: Delhi is an extremely polluted city and you can see lots of extremely poor people living on the street. What can you do to improve the general economic and social situation in India?

M: The main task of our company is to produce high quality products and increase our manufacturing exports and stay competitive on the world market. We also try to reduce pollution by filters and less energy use. It is the task of the government to support the poor and to raise the living standard of the people with the taxes we have to pay.

Int: But multinationals only invest their money in big cities such as Delhi whereas 80 % of India's population live in villages in poor conditions. 500 to 600 million Indians have to live on 2 US dollars a day, i. e. about 1.40 euros. Many Indians suffer from hunger and diseases. One reason for poverty is the population explosion and also the Hindu caste system. In the villages mainly girls and women are still discriminated against.

M: As I said, it is not the task of economy to solve the country's religious and social problems. It is our government's duty to improve the situation. Of course, we are also interested in a peaceful and just situation and a high standard of education and vocational training because that is a prerequisite for our future economic success.

Int: According to the Forbes statistics of 2008, four Indian entrepreneurs belong to the ten richest men in the world and have more than 40 billion US dollars. The gap between the rich and the poor is widening and could endanger India's economic and political stability.

M: Well, this happens not only in India but is a problem caused by economic globalisation which could only be solved internationally.

Int: But why do multinationals in India not feel obliged to follow Mahatma Gandhi's principle of responsibility and justice and help the poor in India more than they perhaps do now by simply paying taxes?

M: Well, that is certainly a challenge we have to meet for a better future for all Indians.

Int: Thank you for the interview.

M: Pleasure. And have a good trip home.

Int: Thank you. Good bye.

M: Good bye.

Klausur 2

Hanif Kureishi, My Son the Fanatic (In: Many Voices – Many Cultures, Multicultural British Short Stories, hg. v. Barbara Korte und Claudia Sternberg. Stuttgart: Reclam 2007, S. 156–161) – Extract from the short story und Einführungstext: 765 Wörter

Als Textnachweis bei Reclam (S. 243) angegeben: A. S. Byatt/Alan Hollinghurst (Hrsg.): New Writing 4. London: Vintage in ass. with The British Council 1995, S. 100–111 – Copyright 1994 Hanif Kureishi, mit Genehmigung der Paul & Peter Fritz AG, Zürich

Introductory remark: Parvez from Pakistan is a London taxi-driver, who frequently drives Bettina, a prostitute, home at night. The following talk between Parvez and his son Ali takes place in a restaurant.

Hanif Kureishi, My Son the Fanatic (extract)

[...]

In a low, monotonous voice, the boy explained that Parvez had not, in fact, lived a good life. He had broken countless rules of the Koran.

"For instance?" Parvez demanded.

Ali didn't need to think. As if he had been waiting for this moment, he asked his father if he didn't relish pork pies?

"Well." Parvez couldn't deny that he loved crispy bacon smothered with mushrooms and mustard and sandwiched between slices of fried bread. In fact, he ate this for breakfast every morning.

Ali then reminded Parvez that he had ordered his wife to cook pork sausages, saying to her, "You're not in the village now. This is England. We have to fit in."

Parvez was so annoyed and perplexed by this attack that he called for more drink.

"The problem is this," the boy said. He leaned across the table. For the first time that night, his eyes were alive. "You are too implicated in Western civilisation."

Parvez burped; he thought he was going to choke. "Implicated!" he said. "But we live here!"

"The Western materialists hate us," Ali said. "Papa, how can you love something which hates you?"

"What is the answer, then," Parvez said miserably, "according to you?"

Ali didn't need to think. He addressed his father fluently, as if Parvez were a rowdy crowd which had to be quelled or convinced. The law of Islam would rule the world; the skin of the infidel would burn off again and again; the Jews and Christers would be routed. The West was a sink of hypocrites, adulterers, homosexuals, drug users and prostitutes.

While Ali talked, Parvez looked out the window as if to check that they were still in London.

"My people have taken enough. If the persecution doesn't stop, there will be *jihad*. I, and millions of others, will gladly give our lives for the cause."

"But why, why?" Parvez said.

"For us, the reward will be in Paradise."

"Paradise!"

Finally, as Parvez's eyes filled with tears, the boy urged him to mend his ways.

"But how would that be possible?" Parvez asked.

"Pray," urged Ali. "Pray beside me."

Parvez paid the bill and ushered his boy out of there as soon as he was able. He couldn't take any more.

Ali sounded as if he'd swallowed someone else's voice.

On the way home, the boy sat in the back of the taxi, as if he were a customer. "What has made you like this?" Parvez asked him, afraid that somehow he was to blame for all this. "Is there a particular event which has influenced you?"

"Living in this country."

"But I love England," Parvez said, watching his boy in the rear view mirror. "They let you do almost anything here."

"That is the problem," Ali replied.

For the first time in years, Parvez couldn't see straight. He knocked the side of the car against a lorry, ripping off the wing mirror. They were lucky not to have been stopped by the police: Parvez would have lost his licence and his job.

Back at the house, as he got out of the car, Parvez stumbled and fell in the road, scraping his hands and ripping his trousers. He managed to haul himself up. The boy didn't even offer him his hand.

Parvez told Bettina he was willing to pray, if that was what the boy wanted – if it would dislodge the pitiless look from his eyes. "But what I object to," he said, "is being told by my own son that I am going to Hell!"
What had finished Parvez off was the boy's saying he was giving up his studies in accounting. When Parvez had asked why, Ali said sarcastically that it was obvious. "Western education cultivates an anti-religious attitude."
And in the world of accountants it was usual to meet women, drink alcohol, and practise usury.
"But it's well-paid work," Parvez argued. "For years you've been preparing!"
Ali said he was going to begin to work in prisons, with poor Muslims who were struggling to maintain their purity in the face of corruption. Finally, at the end of the evening, as Ali went up to bed, he had asked his father why he didn't have a beard, or at least a moustache.
"I feel as if I've lost my son," Parvez told Bettina. "I can't bear to be looked at as if I'm a criminal. […]

Annotations

l. 31	Christers	(derogatory) Christians
l. 37	*jihad*	according to Islam a holy war

Aufgabenstellung

1. Describe the conflict between Parvez and his son Ali. (*Comprehension*)
2. How is the confrontation between father and son represented by the author? (*Analysis*)
3. Compare the conflict between Parvez and his son with the conflict between George Khan and his family in the film *East is East* and comment on the clash between English and Pakistani values. (*Evaluation: comment*)

Hilfsmittel: Einsprachiges Wörterbuch
Zweisprachiges Wörterbuch

Erwartungshorizont zur Klausur 2 (*My Son the Fanatic*)

1. Describe the conflict between Parvez and his son Ali. (*Comprehension*)

Einleitung:
In their talk Ali accuses his father Parvez of having given up their Pakistani values and having assimilated to the Western civilisation.

Hauptteil:

Ali's accusations
Ali accuses his father of breaking the rules of the Koran because he does not live the life of a faithful Muslim but eats pork and drinks alcohol. Moreover, he does not follow the Pakistani custom of having a beard. He criticizes his father for violating the laws of Islam by adapting to Western civilisation, which the young man considers totally corrupt. He cannot understand why his father loves the Western materialists who – as he believes - hate him.
Ali believes that Pakistanis in England are persecuted and should fight the Jews and Christians so that the law of Islam will "rule the world." He is convinced that he will be rewarded in Paradise after a jihad. He suggests that his father change his life and pray to God.
Though his father works hard to enable him to study, Ali has given up his studies because he believes that Western education is anti-religious. Instead he wants to help Muslim prisoners maintain their belief.

Parvez' reaction and replies
Parvez cannot understand why his son accuses him of adapting to British life since they live in England where they should integrate to a certain extent. He enjoys the liberal way of life in London, e.g. eating pork and drinking alcohol. Because of his son's criticism he nearly loses control of the car and risks losing his job.
Whereas Parvez is deeply hurt and depressed by his son's views and behaviour, Ali does not even help his father when he falls to the ground.
Parvez feels that he has lost his son who treats him like a criminal.

Schluss:
The conflict between Parvez and his son underlines their different views and behaviour as Pakistani immigrants living in Britain. Whereas Parvez assimilates to Western civilisation, Ali totally rejects it as morally corrupt.

2. How is the conflict between Parvez and his son presented by the author? (*Analysis*)

Einleitung:
Father and son stand in sharp contrast to each other, which Kureishi underlines by various literary and stylistic devices.

Hauptteil:

Kureshi frequently employs contrasts: Whereas Parvez loves England and wants to adapt to the Western way of life, Ali hates England and Western civilisation, which he believes is morally corrupt and insane by using words such as "hypocrites, adulterers, homosexuals, drug users and prostitutes" (cf. ll. 32 f). Parvez however, feels free and enjoys life in London.

Contrary to his son, who is a strict Muslim, he does not completely live according to the rules of the Koran. His son is not willing to tolerate his father's way of life and treats him in a heartless way. Whereas Parvez is emotionally hurt and his eyes fill with tears, his son looks at him pitiless (cf. ll. 70 f) and does not help him when he falls to the ground. Ali is convinced that he is a true Muslim who will be rewarded in Paradise (l. 40), in contrast to his father who adapts to the "corrupt" Western civilisation and will therefore go to Hell (l. 72). Whereas Parvez loves England (cf. l. 56), his son hates Western civilisation and maintains that Western materialists hate them (cf. ll. 23 f).

Ali's language stands in a sharp contrast to his farther's speech. As Ali is intolerant and hateful against Jews and Christians, he calls them "infidels" (l. 21) and uses the slang word "Christers" (ll. 21 f.). He only lists negative aspects of Western civilisation (cf. ll. 32 f, 73 f). His extreme prejudice against Western education is expressed by the word "anti-religious" (l. 76). He refers to the Koran and expresses his Islamist views by the use of the word *jihad* (l. 37) and his belief in Paradise after death when he is killed in the "holy war". He speaks of "my people" (l. 36) and even believes that the whole world will be ruled by Islam one day.
The author employs the adverb "sarcastically" (l. 75) to underline Ali's hatred of Western civilisation.

When Ali begins to criticize his father, his voice is "low, monotonous" (l. 1), which seems to stress his being sure of his views. This is also underlined by his urging and schoolmasterly diction, e.g. "Pray" (l. 45) and "That is the problem" (l. 59).
He addresses his father as if speaking to "a rowdy crowd which had to be quelled or convinced" (ll. 28 f), which stresses his impersonal and fanatic attitude.

Parvez' language, however, expresses his tolerant, defensive and helpless reaction to his son's accusations. In contrast to Ali, Parvez feels insecure and helpless when his son relentlessley criticizes him and treats him like a criminal. He is not able to understand his son's accusations, which is underlined by asking short questions, e.g. "For instance?" (l. 4), "But why, why?" (l. 39), "What has made you like this?" (ll. 51 f).

Parvez tries to defend himself by the use of short sentences, for instance "You're not in the village now. This is England. We have to fit in" (ll. 13 f) and by short exclamations such as "Implicated! [...] But we live here!" (ll. 21 f), "Paradise!" (cf. l. 41)
As he is not able to admit to Ali how deeply he has hurt him, he confesses to Bettina: "But what I object to is being told by my own son that I am going to Hell!" (ll. 71 f), "I feel as if I've lost my son" (l. 88) and "I can't bear to be looked at as if I'm a criminal" (ll. 88 f).

Schluss:
Thus the language use of the protagonists underlines their conflict and inability to understand each other.

3. Compare the conflict between Parvez and his son with the conflict between George Khan and his family in the film *East is East* and comment on the clash between English and Pakistani values. (*Evaluation: comment*)

Einleitung:
Both the short story and the film present a generational conflict based on the problem of Asian tradition versus integration into a Western society.

Hauptteil:

Whereas in Kureishi's short story Ali criticizes his father because he has given up traditional Pakistani values and adapted to Western civilisation, Khan's authoritarian attitude as the head of the family is not accepted by his English wife Ella and their children who want to decide for themselves about their future in England. Ali hates the Western civilisation and has become a Muslim fanatic in contrast to Khan, who has married an English woman and nevertheless wants her and their children to respect Pakistani traditions such as obedience, arranged marriages and circumcision.

Ella tries to find a compromise between her love for her husband and her wish to allow her children the right of self-determination. In contrast to Ali, who has given up his studies and become a fanatic, Khan's children want to be successful and to advance socially in Britain.

There are several reasons to support Parvez', Khan's wife's and her children's positions:
It is hardly possible for Ali to live strictly according to Asian traditions in Britain. If he refuses to integrate, there is the danger of being isolated and misunderstood. Moreover, he is wrong to believe that British education is totally anti-religious. Instead, he should be grateful to his father for being allowed to study. Different beliefs and values, however, must be tolerated as long as they do not violate British law. But it is, for instance, against British law to practise arranged marriages and circumcision.

Intolerance, fanatism and the use of violence and cannot be tolerated. Khan's insistence on maintaining the patriachal family structure means that he is not willing to accept that men and women have equal rights. Thus he must change his mind and respect fundamental human rights. He must also acknowledge his children's right to decide about their future if they grow up in a foreign country and want to assimilate.

On the other hand immigrants should not totally give up their own culture, traditions, beliefs and values as long as they do not violate fundamental human rights such as freedom, democray and justice. They must be given the opportunity to practise their beliefs and to be able to live according to their religion's rules as long as they do not violate British law. As immigrants are still discriminated against, or even persecuted, they must be given the opportunity to live in peace and security.

They are, of course, right to reject Western immoral ways of life, which are also not tolerated by many British people. Their children, however, should also be allowed to criticize their parents' mistakes and failures in order to become self-confident and responsible citizens in democratic countries.

Schluss:
To sum up, one could state that both the short story and the film bring to light the problems the first and the second generations of Pakistani immigrants have to face in England. But it is also shown that instead of isolation, intolerance or even hatred and fanatism, there is a chance to live together with their English friends and neighbours in mutual respect, tolerance and peace.

Klausur 1

David Masci, Exporting the American Dream – Is Consumerism Killing Planet Earth? CQ Researcher. November 19, 1999, pp. 1006 and 1005 – extract: 774 words

Exporting the American Dream

BY DAVID MASCI

American products dominate world markets like never before. From Bangkok to Paris, there are more people eating Big Macs, smoking Marlboros, wearing Nikes and watching the latest Harrison Ford film than there were 20 or 30 years ago. But the United States is selling more than goods and services. According to some critics, America is also exporting its consumerist lifestyle, and to bad effect. "The U.S. model – both economically and culturally – has become the world model," says Betsy Taylor, executive director of the Center for a New American Dream. "In recent years, the desire among other peoples to have what we in the U.S. have has skyrocketed."

This desire is created and sustained by American films, television programs, music and advertising. "We celebrate our lifestyle in films and other things in a way that encourages imitation," says Mark Whiteis-Helm, director of media relations for Friends of the Earth, an environmental group in Washington, D.C. "Americans are idolized for their big houses and big cars and all of the things they have," he says. "Of course, that's not the way it really is for the average American." Nonetheless, many observers note, the American marketing juggernaut is very intentionally telling people the world over that happiness is tied to acquiring things. "We've glamorized gross consumption, and now people overseas are putting in more hours at work in order to buy more stuff," Whiteis-Helm says.

But economists and others claim that the American Dream is broadly appealing for a good reason. "American culture means the freedom to buy what you want, and that's very attractive to people everywhere", says Jeffrey Taylor, director of natural resource studies at the CATO Institute. "We're not imposing our cultural regime on others. We're merely meeting a preference."

And, others argue, that preference, is not just for consumerism. "Different peoples see different things" in the United States, says Glenore Smith, executive director of Consumers for World Trade, which advocates open markets around the world. "For example, many people admire our freedom to speak, to travel, more than our consumer culture."

Finally, Smith and others say, U.S. culture is not blindly accepted as the model by the rest of the world. “There are many aspects of our culture that are rejected by many people in other countries,” she says, pointing, for instance, to Japan’s distaste for the violence and sex often shown in American films. Indeed, in France, Malaysia and many other countries, popular movements are fighting what many people see as America’s cultural dominance and decadence.
[…]

Is consumerism killing Planet Earth?

With their penchant for muscular cars and well-heated homes, Americans use more than twice as much energy as the average European and 31 times as much as the average Asian.

People in the United States also eat the most beef – an average of 96.8 pounds per person annually – or almost 10 times the amount eaten by someone in China. And since seven pounds of grain are needed to produce one pound of beef, Americans directly or indirectly eat five times more grain than people in developing countries do.

Critics of consumerism argue that Americans are already paying a very real price for their hearty appetites. “So many things – the depletion of water, air pollution, the depletion of the fisheries – are tied to consumption,” says Betsy Taylor, executive director of the Center for a New American Dream, a think tank in Takoma Park, Md.

But Taylor and others also warn that existing environmental problems pale in comparison with the problems that would ensue if the rest of the world acquired America’s appetites.

“Everyone wants to consume like us and, frankly, that’s not possible,” Taylor says. “Everything we consume must come from the earth and must go back into it. So when we talk about all these other countries coming up and emulating us, we’re talking about a situation where we’re using too much and creating too much waste.”

“It’s really quite simple,” says Allen Hammond, senior scientist at the World Resource Institute. “If the rest of the world got to our levels, we’d be using five to six times the resources we do today, and since the planet isn’t getting any bigger, it would be a huge problem.”

The solution is not to deny developing countries the opportunity for economic growth but to alter consumption patterns in the United States and other developed countries, according to Hammond and Taylor.

“You can’t tell people in China and India that they can’t have what we have,” Hammond says. Instead, “we must change our own model” in order to inspire people in developing countries to adopt a less wasteful lifestyle. […]

Annotations

l. 23	CATO Institute	It is a nonpartisan public policy research foundation in Washington, D.C.

Aufgabenstellung

1. Describe, according to the text, to what extent the USA has become an economic and cultural model for other countries, which also endangers Planet Earth. (*Comprehension*)

2. Analyse the different sources of information and the journalist's attitude towards American consumerism and its ecological effects as it becomes obvious in his language. (*Analysis*)

3. You have a choice here:

3.1 Comment on the "new" American Dream (cf. l. 7). (*Comment/evaluation*)

3.2 Imagine you are a guest student at an American college and are asked to deliver a speech about Masci's article. Write this speech.
(*Evaluation: re-creation of text*)

Hilfsmittel: Einsprachiges Wörterbuch
Zweisprachiges Wörterbuch

Erwartungshorizont zur Klausur 1 (*Exporting the American Dream*)

1. Describe, according to the text, to what extent the USA has become an economic and cultural model for other countries, which also endangers Planet Earth. (*Comprehension*)

Diese Teilaufgabe zum Textverständnis verlangt, dass Sie Mascis kritische Erörterung des sogenannten amerikanischen Modells darstellen.

Einleitung:
Masci describes the relationship between America's economic and cultural success and its global ecological risks.

Hauptteil:
David Masci points out that American products, e.g. hamburgers, cigarettes, clothes and films, are consumed all over the world. Moreover, America's consumerism has been globally adopted together with the American lifestyle and is constantly propagated by American films, TV programmes, music and advertising.
People in developing countries believe that increasing consumption leads to happiness. Something that can only be achieved if they work harder. Nevertheless, they enjoy feeling free to buy whatever they want and frequently admire other American values such as the freedom of speech more than mere consumption. In some countries such as Japan, France and Malaysia many people criticize American culture because of its dominance and decadence, e.g. with regard to films, which often contain sex and crime.
As Americans use more energy and consume more beef and grain than the average person in Europe or Asia, such consumerism also endangers our environment because of air and water pollution. Ecological risks and hazards could even become intolerable, if the rest of the world followed the American example. Future environmental problems cannot be solved by restricting economic development in China, India and other developing countries but by changing the consumerist lifestyles in the USA and other developed countries.

Schluss:
Masci warns of the economic globalisation of the new American dream.

2. Analyse the different sources of information and the journalist's attitude towards American consumerism and its ecological effects as it becomes obvious in his language. (*Analysis*)

Bei der Lösung dieser textanalytischen Teilaufgabe müssen Sie die Stilmittel analysieren, die Masci zur Erhärtung seiner Auffassung verwendet.

Einleitung:
Masci makes use of various stylistic means in order to make his article more convincing.

Hauptteil:
As David Masci wants to show that American products are consumed world-wide, he mentions some big cities in Asia and Europe such as Bangkok and Paris and some well-known brands or names such as Nike, Big Mac and Harrison Ford. Moreover, he backs up his argument by quoting some American critics of consumerism such as Betsy Taylor, executive director of the Center for a New American Dream, and Mark Whiteis-Helm, director of media relations for Friends of the Earth. Both experts confirm that the demand for American goods has increased enormously due to its presentation in American films, on TV, and because of massive marketing strategies and advertising. These ideas are accentuated by the metaphor "juggernaut" (l. 16) and by the use of the term "happiness" (l. 17) in connection with "gross consumption" (l. 18). But as Masci does not only want to evaluate the world-wide consumption of American products negatively, he also refers to economists such as Jeffrey Taylor and Glenmore Smith, who point out the positive aspects of the dominance of American products and culture by relating them to the concept of the "American Dream". Masci also uses this term in the title of the text. Thus the economic and cultural success of the USA is justified by such positive terms as "freedom" (ll. 21, 28) and "open markets" (l. 27). The economists, who Masci quotes, also remind us that American culture is not approved of everywhere. This is highlighted by associating American culture with violence, sex, dominance and decadence.
When Masci discusses the ecological consequences of American consumerism, he refers to statistics about energy and food consumption in the U.S., Europe and Asia. He again quotes critics such as Betsy Taylor and the scientist Allen Hammond, who mention different aspects of environmental damage and warn that the world-wide increase of American-style consumption would destroy our planet. Based on their arguments Masci finally presents the "solution" (l. 61) to the problem, namely "to alter consumption patterns" (l. 62) in developed countries.
To sum up, Masci quotes the opinions of different experts to offer a rather balanced view of the world-wide consumption of American products and the imitation of the American lifestyle. That is why he employs antithesis and antithetical linguistic devices such as "but … not" or begins several paragraphs with "But …" (cf. ll. 4, 20, 49). Moreover, he frequently uses comparisons and contrasts because it is his goal to invite the reader to take part in the controversial discussion about the globalisation of American consumerism and culture, its ecological dangers and political consequences.

Schluss:
Because of the author's differentiated presentation of his view the article challenges the reader to discuss the new American Dream.

3. You have a choice here:

3.1 Comment on the "new" American Dream (cf. l. 7) (*Comment / evaluation*)

Bei Ihrer Stellungnahme müssen Sie vom vorliegenden Text ausgehen. Deshalb ermitteln Sie zunächst die Textpassagen, die Sie für Ihre Stellungnahme für besonders wichtig halten. Sie könnten also einige der folgenden unter Pros und Cons angeführten Gesichtspunkte einbeziehen bzw. auch weitere themenbezogene Ideen einbringen. Ihre Schlussfolgerung muss folgerichtig sein, indem Sie entweder eher die Pros hervorheben oder die Cons unterstreichen bzw. zu einem abwägenden Urteil gelangen.

Pros	**Cons**
– higher living standards – wealth for all people – work ethic: hard work leads to success – free choice of products and services – global free markets – self-reliance and self-confidence – competition and lower prices – higher profit and economic growth – creating workplaces – fighting unemployment – international companies and cooperation – promoting research and developing new technologies – production of environmentally friendly devices and equipment – development of products that need less energy – strengthening personal responsibility concerning consumption e. g. of films about sex and crime – preservation of the variety of cultures despite the purchase of attractive American products – open-mindedness and international understanding – …	– devaluation of the original ideals of the American Dream such as personal happiness and family life, political freedom, equal opportunities etc. – materialistic view of life – egoistic and hedonistic lifestyle – media emphasizing sex and crime – insensibility to violence – loss of human values such as solidarity, responsibility, helpfulness, modesty etc. – loss of one's culture and values – economic and psychological dependence on American products and lifestyle – dominance of big companies and a captive market – danger of a predominantly American "world culture" and loss of cultural diversity – increase in ecological damage and hazards such as pollution, global warming, ozone depletion, deforestation, desertification, extinction of species, etc. – waste of natural resources – destruction of the foundations of life on earth for future generations – …

3.2 Write a speech about the problem of consumerism and environmental protection by referring to the "new" American Dream. ((*Re-)creation of text*)

Dear fellow students,

As a guest student from Bonn I am very grateful to have been given the opportunity to express my views on the new American Dream and its adoption in many foreign countries as it is described by David Masci in his magazine article. In a subtitle of the article the author asks whether American-style consumerism is a danger to our environment.

I am sure that you all are also interested in this topic and would like to discuss the pros and cons of the world-wide consumption of American products and cultural achievements. Let me first sum up Masci's main ideas and then discuss to what extent American consumerism should be considered a danger to our planet.

Masci points out that the new American Dream of economic success and making a good living has been exported world-wide. As it is also constantly propagated by American advertising campaigns, films, TV, etc, the American lifestyle seems to be the economic and cultural model for many people all over the world. In order to convey a differentiated and critical picture of American consumerism, Masci quotes several experts. They state, for instance, that the standard of living of many Americans is not as high as people in other countries are made to believe. The global free market allows selling American products everywhere, which does not mean that they have to be bought by everybody. Consumers have a free choice of products and services. Other experts underline that many people in foreign countries appreciate the American freedom of speech more than consumption. But certain aspects of the American culture are rejected as decadent in many countries such as films about sex and crime.

I think that every nation should be able to export its goods and services on the global market. It is a fact that American products such as jeans are bought everywhere and not only by young people. And it would mean tilting at windmills if anybody tried to stop such purchases. But at the same time consumers should be aware of the fact that the new American Dream is mainly based on competition, economic success and material wealth, whereas other values such as freedom, equal opportunities, personal happiness, etc of the old American Dream seem to be less important. Moreover, people in foreign countries should not fully adopt the American lifestyle but also preserve their own culture and traditions.

Masci also criticizes the American consumerist lifestyle because of its ecological hazards such as the waste of energy and the extent of food consumption which contributes to air and water pollution and would endanger our planet if it were imitated world-wide. I agree with the experts quoted by Masci when they demand a reduction in the ecologically dangerous waste of resources in the United States, as well as in other developed countries. I believe that all the highly industrialized countries such as America, Germany or Great Britain, but also the new global players such as China and India, must stop their regional and global ecological damage such as air and water pollution, global warming and ozone depletion. The developing and poor countries should, of course, not be denied a higher standard of living, but they must be supported by the rich countries in having better chances to sell their products on the world market, in buying environmentally friendly technologies and in stopping deforestation and the extinction of species, which is a common disaster.

I believe that everybody, in particular the younger generation, must develop a sense of responsibility for our Planet Earth and contribute to the preservation of the foundations of life for future generations.

Thank you for listening.

Klausur 2

H.G. Wells, Men Like Gods (1923), Leisure Books, Coldwater Canyon, California 1970, pp. 197 ff. – extract plus introductory remark: 730 words

Introductory remark: As the London journalist Mr Barnstaple, the protagonist of Wells' novel, is overworked, he decides to go by car for a holiday in the Lake District. But suddenly he realizes that he is on an entirely different road in a different world – a road in Utopia where a boy named Crystal informs him about the Utopian Principles of Liberty.

H.G. Wells, Men Like Gods (extract)

Every young Utopian had to learn the Five Principles of Liberty, without which civilization is impossible. The first was the Principle of Privacy. This is that all individual personal facts are private between the citizen and the public organization to which he entrusts them, and can be used only for his convenience and with his sanction. Of course all such facts are available for statistical uses, but not as individual personal facts. And the second principle is the Principle of Free Movement. A citizen, subject to the due discharge of his public obligations, may go without permission or explanation to any part of the Utopian planet. All the means of transport are freely at his service. Every Utopian may change his surroundings, his climate and his social atmosphere as he will. The third principle is the Principle of Unlimited Knowledge. All that is known in Utopia, except individual personal facts about living people, is on record and as easily available as a perfected series of indices, libraries, museums, and inquiry offices can make it. Whatever the Utopian desires to know he may know with the utmost clearness, exactness and facility so far as his powers of knowing and his industry go. Nothing is kept from him and nothing is misrepresented to him. And that brought Mr. Barnstaple to the fourth Principle of Liberty, which was that Lying is the Blackest Crime.

Crystal's definition of lying was a sweeping one; the inexact statement of facts, even the suppression of a material fact, was lying.

"Where there are lies there cannot be freedom."

Mr. Barnstaple was mightily taken by this idea. It seemed at once quite fresh to him and one that he had always unconsciously entertained. Half the difference between Utopia and our world he asserted lay in this, that our atmosphere was dense and poisonous with lies and shams.

"When one comes to think of it," said Mr. Barnstaple, and began to expatiate to Crystal upon all the falsehoods of human life. The Fundamental assumptions of earthly associations were still largely lies, false assumptions of necessary and unavoidable differences in flags and nationality, pretences of function and power in monarchy; impostures of organized learning, religious and moral dogmas and shams. And one must live in it; one is a part of it. You are restrained, taxed, distressed and killed by these insane unrealities. "Lying the Primary Crime! How simple that is! How true and necessary it is! That dogma is the fundamental distinction of the scientific world-state from all preceding states." And going on from that Mr. Barnstaple launched out into a long and loud tirade against the suppression and falsifications of earthly newspapers.

It was a question very near his heart. The London newspapers had ceased to be impartial vehicles of news; they omitted, they mutilated, they misstated. They were no better than propaganda rags. Rags! *Nature*, within its field, was shiningly accurate and full, but that was a purely scientific paper; it did not touch the every-day news.

[...]

[Crystal explained that] Utopian news lacked of course the high spice of an earthly newspaper; the intriguing murders and amusing misbehaviours, the entertaining and exciting consequences of sexual ignorance and sexual blunderings, the libel cases and detected swindles, the great processional movements of Royalty across the general traffic, and the romantic fluctuations of the stock exchange and sport. But where the news of Utopia lacked liveliness, the liveliness of discussion made up for it. For the Fifth Principle of Liberty in Utopia was Free Discussion and Criticism.

Any Utopian was free to criticize and discuss anything in the whole universe provided he told no lies about it directly or indirectly; he could be as respectful or disrespectful as he pleased, he could propose anything however subversive. He could break into poetry or fiction as he chose. He could express himself in any literary form he liked or by sketch or caricature as the mood took him. Only he must refrain from lying; that was the one rigid rule of controversy.

Annotation:

As Huxley did not appreciate Wells very much and the idealization of man in his Utopian novel *Men Like Gods*, he began to write *Brave New World* as a satire on Wells' work.

Aufgabenstellung

1. Describe the Principles of Liberty in Wells' Utopia by also referring to Mr Barnstaple's views. (*Comprehension*)

2. How does the author present the Principles of Liberty to the reader? (*Analysis*)

3. You have a choice here:

3.1 Discuss the Principles of Liberty and the World State's motto "Community, Identity, Stability" in Huxley's *Brave New World* by also giving examples taken from the dystopian novel. (*Comment/evaluation*)

3.2 Write an argumentative essay in which you discuss Wells' Principles of Liberty and Huxley's motto of the brave new world. Which of the two concepts do you find more interesting? Give reasons for your view. (*(Re-)creation of text*)

Hilfsmittel: Einsprachige Wörterbuch
Zweisprachiges Wörterbuch

Sie können nun **die schriftliche Abiturprüfung simulieren**, indem Sie eine der beiden Aufgaben bearbeiten und anschließend Ihre Lösung mit dem Erwartungshorizont vergleichen.

Selbstverständlich können Sie zur Übung auch beide Aufgaben bearbeiten.

Erwartungshorizont zur Klausur 2 *(Men Like Gods)*

1. Describe the Principles of Liberty in Wells' Utopia by also referring to Mr Barnstaple's views. (*Comprehension*)

Bei dieser Teilaufgabe wird erwartet, dass Sie die fünf Prinzipien der Freiheit, die in Wells' utopischer Welt gelten, erfassen und beschreiben, auch im Unterschied zu Mr Barnstaples Kritik seiner Gesellschaft.

Einleitung:
In this extract from Wells' Utopian novel *Men Like Gods* the protagonist Mr Barnstaple learns that Utopia is founded on five Principles of Liberty every Utopian has to respect:

- Privacy
- Free Movement
- Unlimited Knowledge
- Truth
- Free Discussion and Criticism

Hauptteil:

- According to the Principle of Privacy, all personal data of each individual Utopian citizen are private and can only be used by public organizations in the interest of the person and with his or her consent, for instance for statistical requirements
- The Principle of Free Movement allows every citizen to go to every place he wishes to go. He need not ask anybody for permission or explain why he wants to go there. All means of transport can be used without charge. Every Utopian is free to change his living place and social surroundings whenever he likes
- The Principle of Unlimited Knowledge guarantees that everything known in Utopia is available for everybody except information about the privacy of other citizens. As all facts of general interest are recorded in a clear and exact manner, the Utopians can visit libraries, museums and inquiry offices to inform themselves about everything they are interested in
- As lying is considered the most serious crime in Utopia, the Principle of Truth seems to be the most important principle. Lying is defined as giving incorrect information and suppressing facts, which makes freedom impossible. Mr Barnstaple fully agrees and points out that contrary to Utopia his world is full of lies and deceit, unnecessary national differences, political and educational presumption, religious and moral dogmas. Without all these restrictions Utopia is the first world state based on science since without truth science is impossible. In particular Mr Barnstaple criticizes the London newspapers, which have become propaganda papers because they no longer inform their readers about true facts but omit or distort them, except the scientific paper *Nature*. Crystal admits that the Utopian papers are not entertaining since they do not contain sensational articles,

for instance, about crime, sex, the Royals, the stock exchange and sport. Instead the Utopians enjoy lively discussions

- According to the fifth Principle of Liberty, namely the Principle of Free Discussion and Criticism, there are no restrictions in Utopia to express one's own opinion. Everybody is free to take part in controversial discussions and criticize whatever he dislikes as long as he is honest and does not violate the fourth Principle of Liberty. He is also allowed to express his criticism in a disrespectful way, utter subversive ideas and make use of any literary form such as poetry, novels, sketches and caricatures

Schluss:
In Utopia the most important principle seems to be that of truth and honesty, which makes any kind of restriction unnecessary and allows free movement, information, discussion and criticism while still maintaining the right to privacy.

2. How does the author present the Principles of Liberty to the reader? (*Analysis*)

Zur Lösung dieser Teilaufgabe gehört es, dass Sie die Erzählform, die Struktur sowie die vorherrschenden sprachlichen Mittel erfassen und in ihrer Funktion erläutern.

Einleitung:
As Wells' Utopia is based on the five Principles of Liberty, it is worthwhile analysing the literary and stylistic devices used by the author to convey these fundamental ideas to the reader.

Hauptteil:
Wells makes use of an omniscient third-person narrator who tells that a Utopian boy explains the five Principles of Liberty one after the other to the journalist Mr Barnstaple. Sometimes the dialogue between the protagonist and the boy is interrupted by the narrator's comments, e. g.: "Crystal's definition of lying was a sweeping one ..." (l. 24).
The extract is clearly structured according to the five principles. The fourth principle, however, requires the longest part of the text since the problem of truth and lying is considered the most important aspect of Utopia and Mr Barnstaple's view of the earthly society. Since large parts of the extract deal with Crystal's explanation of the five principles and the definition of lying, one can say that this extract functions as an expository text. Moreover, Wells employs the form of a dialogue to convey Mr Barnstaple's criticism of his world and his admiration for Utopia.
Corresponding to the clear structure of this extract Wells enumerates the five principles by making use of ordinal numbers. In addition, the explanation of the principles is rather short and clear. Central ideas and words such as "principle", "fact", "individual", "personal", "liberty" and "free(ly)" are repeated and

thus contribute to the comprehensibility of the text and display the essential aspects of the Utopian state. Instead of giving abstract definitions, the principles are explained in a lucid style supported by the enumeration of concrete examples such as "his surroundings, his climate and his social atmosphere" (cf. ll. 12 f.) or "indices, libraries, museums and inquiry offices" (cf. ll. 17 f.).
The general validity and acceptability of the five Principles of Liberty is stressed by the frequent use of determiners like "every" and "all", e.g. "every young Utopian", "all individual personal facts", "all the means", "all that is known" etc. The idea of unlimited freedom is underlined by words and expressions such as "whatever", "wherever", "without permission or explanation", "any part", "as he will" etc. This also applies to the parallel sentence structure: "Nothing is kept from him and nothing is misrepresented to him" (ll. 20 f.) or the sequence of sentences beginning with "He could" at the end of the text, when Wells stresses the value of literary freedom by enumerating literary forms such as poetry, fiction, sketch and caricature. Sometimes also alliteration is used for emphasis, e.g. "largely lies" (l. 36) or "lacked liveliness" (l. 60).
Wells explicitly states that knowledge is gained in Utopia "with the utmost clearness, exactness and facility" (l. 19), which also seems to describe his own presentation and explanation of the five Principles of Freedom in this extract from his novel.
Another stylistic device that contributes to Wells' lucid style is the use of antithesis. Contrary to the young Utopian's description of the free and ideal Utopian life, Mr Barnstaple criticizes "the falsehoods of human life" (ll. 34 f.) by giving various examples. Whereas the Utopians live in freedom and harmony, the Earthlings are "restrained, taxed, distressed and killed by these insane unrealities" (ll. 40 f.) and their newspapers omit, mutilate, misstate information (cf. l. 49). Antithesis is also used to distinguish between "the scientific world-state" of Utopia and "all preceding states" (cf. l. 44) and to stress free discussion and criticism: "he could be as respectful or disrespectful as he pleased; he could propose anything however subversive" (ll. 65 f.). Contrary to Crystal, Mr Barnstaple shows strong feelings of disapproval of his own world, which Wells stresses by the protagonist's generalising rejection of his world as "insane", unreal and almost nightmarish (cf. "unrealities", l. 41) or by the use of informal language such as "propaganda rags". Mr. Barnstaple's admiration for Utopia and his acceptance of its principles, however, are expressed in exclamations: "Lying the Primary Crime! How simple that is! How true and necessary it is!" (ll. 41 ff.).
Despite the predominance of explanations and criticism, Wells' style is rather lively and graphic, which is also achieved by the use of metaphorical language such as "the Blackest Crime" (l. 23), "poisonous with lies" (l. 32), "a question very near his heart" (l. 47) and "vehicles of news" (l. 48).

Schluss:
Wells' presentation of the five Principles of Liberty shows the idealisation of the Utopian people and society in contrast to his protagonist's harsh criticism of the human world.

3. You have a choice here:

3.1 Discuss the Principles of Liberty and the World State's motto "Community, Identity, Stability" in Huxley's *Brave New World* by also giving examples taken from the dystopian novel. (*Comment/evaluation*)

Hier müssen Sie die Prinzipien der Freiheit in Wells Roman und das Motto in Huxleys Dystopie vergleichend erörtern.

Einleitung:
Whereas Wells presents the central principles of his Utopia to underline its ideal order and confronts them with the earthlings' corrupted society, the motto of Huxley's dystopian world state is explained by the Controller and is mirrored in the lives and living conditions of the dystopian people.

Hauptteil:

Men Like Gods	*Brave New World*
Wells mentions five Principles of Liberty to describe his Utopian, i.e. ideal state as a nearly perfect human society. He believes that freedom is the most important goal based on the following values that cannot be disputed, are already taught to young people and must be generally accepted: ■ The Principle of Privacy Personal privacy is considered an essential right of every Utopian. Personal data can only be used statistically if the person agrees. ■ The Principle of Free Movement After having finished his public tasks every citizen can go everywhere without permission and use the means of public transport without paying. Everybody can move to any place in Utopia and live there. ■ The Principle of Unlimited Knowledge Every Utopian can learn everything he is interested in since all knowledge is recorded in a clear and correct way and easily available in libraries, museums, offices etc.	Huxley already mentions the motto of his dystopian world state at the very beginning of the novel. At first sight it seems to be sensible to guarantee "Community, Identity and Stability" in the brave new world. But soon the reader realizes that the meaning of these words is perverted since, in fact, the motto mirrors the dehumanization of society. ■ Community The dystopian people do not live together in a community of free and equal citizens but are industrially produced and manipulated to live, work and consume in five different castes according to their different conditioning. Whereas Alphas are the most intelligent beings and required for the most demanding jobs, Epsilons are produced in a way that they become stupid to be content with their unchallenging work. Apart from the Alphas Bernard Marx and Helmholtz Watson, who are individuals to a certain extent and sometimes feel lonely, the other inhabitants of the brave new world are never alone since man is considered a product and always part of the dystopian society.

Men Like Gods	*Brave New World*
■ The Principle of Truth Lying, i.e. giving inexact information or suppressing it, is the worst crime in Utopia. ■ The Principle of Free Discussion and Criticism Anything can be discussed controversially without fear and respect and can also be expressed in any literary form. Whereas Mr Barnstaple's criticism of the earthly world, its society, political system and the newspapers is extremely negative and radical, the five Principles of Liberty reflect the idealization of the Utopian world. Wells satirizes the British society by Mr Barnstaple's exaggerated description and criticism in order to make his readers aware of immorality and corruption. Though it is unrealistic to believe that the Principles of Liberty can totally be realized, Wells defines them in a way that they can help to improve the situation in the real world. They remind the reader of the value of freedom that should be respected in every society.	■ Identity The members of the five castes are produced according to the requirements of the dystopian society. They are no individual persons like in Wells' Utopia. The lowest castes even consist of masses of identical twins without any differences. They are conditioned to work and consume like automats. Contrary to Wells' Principle of Free Movement, the dystopian people are conditioned to fear nature, use the means of transport to go to work or to enjoy sports. Some members of the higher castes, however, go on holiday and travel by helicopters or passenger rockets. Only the Director, Bernard Marx and their sex partners are allowed to visit the Reservation. ■ Stability Mustapha Mond, the Controller of the dystopian state, considers stability as the most important principle. He suppressed his wish to become a scientist and decided to control the dystopian people by numerous means. His task is to guarantee the stability of the brave new world for instance by – keeping the number of the total population stable, – conditioning the caste members to be content with their work, consume and enjoy distractions such as sport, stupid films, synthetic music and sensational papers, – abolishing family life and replacing it by promiscuity, – prohibiting true science, literature and arts and preventing people from gaining historical knowledge, – distributing the drug soma to make everybody feel "happy", – banishing nonconformist people to the islands.

Men Like Gods	*Brave New World*
	Thus the dystopian people do not know what truth is, only gain the knowledge that is required for their job and are unable to discuss and criticize. People such as Bernard, Helmholtz and the Savage, who criticize the dystopian society and disagree with Mustapha Mond, are banished or retreat to a hermitage. Huxley wrote his dystopian novel as a warning of the dangers of similar future developments such as overpopulation, eugenics, technological manipulation instead of true science, superficial mass entertainment etc. Whereas Wells' Principles of Liberty, which constitute an idealized Utopian world state, are characteristic of a Utopian novel, Huxley's dystopian novel presents a dehumanized society.

Schluss:
Despite the different concepts of Utopian and dystopian novels, it is both Wells' and Huxley's purpose to make the reader aware of the loss of human values at their time. Whereas Wells offers an alternative better society – as he believes –, Huxley confronts the reader with a nightmarish brave new world in order to challenge the reader to contribute to preventing similar developments in the future.

3.2 Write an argumentative essay in which you discuss Wells' Principles of Liberty and Huxley's motto of the brave new world. Which of the two concepts do you find more interesting? Give reasons for your view. (*(Re-)creation of text*)

In Ihrem Essay können Sie die unter **3.1** erwähnten Aspekte diskutieren, die die Prinzipien der Freiheit bzw. das Motto der Dystopie Huxleys verdeutlichen. Mr Barnstaples Kritik sollte ebenso berücksichtigt werden. Selbstverständlich können Sie auch andere Beispiele aus Huxleys Roman heranziehen. Der Essay muss klar und zielstrebig aufgebaut sein, z.B. können Sie die Information in der Anmerkung zur Textvorlage als Einleitung nutzen und Ihren Essay wie folgt gliedern:

Wells' Utopian novel inspired Huxley to write *Brave New World* in a satirical way. That is why I would like to discuss and evaluate the Principles of Liberty that constitute Wells' Utopia and Huxley's motto of the dystopian world state in order to decide which of the two concepts are more interesting to the modern reader.

Since Thomas More's *Utopia* (1516) readers have been interested in the presentation of a better future society. In his Utopian novel *Men Like Gods* H.G. Wells describes an ideal world state where idealized citizens live according to the five Principles of Liberty which are taught to them at an early age. Their personal privacy is respected, freedom of movement is guaranteed, life-long learning is supported, lying is the worst crime and controversial discussion and criticism is generally practised. It is evident to the reader that such principles cannot be rejected and could help to improve the way people live together in our society.
But it seems impossible to realize them completely because that would be unrealistic. The protagonist Mr Barnstaple gives several examples of the "earthly" society which stress its negative aspects such as immorality, corruption, inexact information, etc.

There are certainly readers who are interested in discussing to what extent the ideals and values suggested by writers of Utopian novels could give political and personal orientation in the society they live in. But I think that Wells' Utopia is idealized to such an extent that modern readers will not really be challenged to discuss principles they believe to be self-evident such as the fundamental human rights. They could probably find modern dystopian novels more interesting because they confront the reader with totalitarian world states in which people are deprived of their fundamental human rights. Moreover, they are challenged to take the warnings of the authors seriously since the examples of misuse and human degradation make aware of the fact that also in modern states basic human rights are endangered. Dystopian novels such as *1984* by George Orwell,

Fahrenheit 451 by Ray Bradbury or *Brave New World* by Aldous Huxley warn of the total control of people in a totalitarian state. It is for instance interesting that in the world states described by those authors people are not allowed to read books that could inspire them to overthrow the inhuman system.

Huxley, in particular, deals with topics and problems that are still relevant today such as population growth, eugenics, conditioning and the standard of education, the misuse of science and technology, the perversion of religion, political control, privacy, social mobility, entertainment of the masses etc. The reader is also given the opportunity to reflect on social and personal moral values such as honesty, love and friendship, understanding and compassion.

Everybody who is interested in reflecting on the relationship between ideals and reality will certainly like to read Utopian novels in order to find out to what extent the ideals mentioned by the authors should or could help to improve our political, social and personal living conditions. But I presume that modern readers believe that dystopian novels are more adequate to describe and criticize topical problems such as violence and war, state control, biotechnology and eugenics. Moreover, it is certainly interesting to discuss to what extent Orwell's or Huxley's predictions have already come true.

4. Teil

Originalklausuren 2007

Die in den Erwartungshorizonten vorgestellten Lösungsvorschläge sind keine offiziellen Lösungen des Ministeriums für Schule und Weiterbildung des Landes Nordrhein-Westfalen.

Thomas L. Friedman, "The New 'Sputnik' Challenges: They All Run on Oil", The New York Times, January 20, 2006.

The New 'Sputnik' Challenges: They All Run on Oil

DETROIT – I came to Detroit looking for the hottest new American cars. Instead, I found Sputnik.

You remember Sputnik – the little satellite the Soviets launched in 1957. The Eisenhower administration was so stunned it put the U.S. into a crash program to train more scientists and engineers so America could catch up with the Russians in the space race.

Well, for anyone paying attention, our generation's Sputnik showed up at the annual Detroit auto show this month. It's not a satellite. It's a car. It's called the Geely 7151 CK sedan. It seats a family of five, gets good mileage and will cost around $10,000 when it goes on sale in 2008. It's made in China.

That doesn't get your attention? Well, there's another Sputnik that just went up: Iran. It's going to make a nuclear bomb, no matter what the U.N. or U.S. says, because at $60-a-barrel oil, Tehran's mullahs are rich enough to buy off or tell off the rest of the world.

That doesn't worry you? Well, there's a quieter Sputnik orbiting Earth. It's called climate change – a k a Katrina and melting glaciers.

What am I saying here? I am saying that our era doesn't have a single Sputnik to grab our attention and crystallize the threat to our security and way of life in one little steel ball – [...]. But that doesn't mean such threats don't exist. They do, and they have a single common denominator: the way we use and consume energy today, particularly oil.

Friends, we are in the midst of an energy crisis – but this is not your grandfather's energy crisis. No, this is something so much bigger, for four reasons.

First, we are in a war against a radical, violent stream of Islam that is fueled and funded by our own energy purchases. We are financing both sides in the war on terrorism: the U.S. Army with our tax dollars, and Islamist charities, madrasas and terrorist organizations through our oil purchases.

Second, the world has gotten flat, and three billion new players from India, China and the former Soviet Union just walked onto the field with their version of the American dream: a house, a car, a toaster and a refrigerator. If we don't quickly move to renewable alternatives to fossil fuels, we will warm up, smoke up and choke up this planet far faster than at any time in the history of the world. Katrina will look like a day at the beach.

Third, because of the above, green energy-saving technologies and designs – for cars, planes, homes, appliances or office buildings – will be one of the biggest industries of the 21st century. Tell your kids. China is already rushing down this path because it can't breathe and can't grow if it doesn't reduce its energy consumption. Will we dominate the green industry, or will we all be driving cars from China, Japan and Europe?

Finally, if we continue to depend on oil, we are going to undermine the whole democratic trend that was unleashed by the fall of the Berlin Wall. Because oil will remain at $60 a barrel and will fuel the worst regimes in the world – like Iran – to do the worst things for the world. Indeed, this \$60-a-barrel boom in the hands of criminal regimes, and just plain criminals, will, if sustained, pose a bigger threat to democracies than communism or Islamism. It will be a black tide that turns back the democratic wave everywhere, including in Iraq.

The one thing we can do now to cope with all four of these trends is to create a tax that fixes the pump price at \$3.50 to \$4 a gallon – no matter where the OPEC price goes. Because if consumers know that the price of oil is never coming down, they will change their behavior. And when consumers change their behavior in a big way, G.M., Ford and DaimlerChrysler will change their cars in a big way, and it is cars and trucks that consume a vast majority of the world's oil.

The more Detroit goes green, the faster it will be propelled down the innovation curve, making it more likely that Detroit – and not Toyota or Honda or the Chinese – will dominate the green technologies of the 21st century. A permanent gasoline tax will also make solar, wind and biofuels so competitive with oil that it will drive their innovations as well.

George Bush may think he is preserving the American way of life by rejecting a gasoline tax. But if he does not act now – starting with his State of the Union speech – he will be seen as the man who presided over the decline of our way of life. He will be the American president who ignored the Sputniks of our day.

Anmerkungen:

14 a k a: *abbreviation for*: also known as – **14 Katrina**: name of the hurricane that destroyed New Orleans in 2005 – **23 madrasas**: Islamic schools or seminaries in India and Pakistan that the US considers to be involved in planning and organizing terrorist attacks – **43 \$3.50 to \$4 a gallon**: ca. double the present American gasoline price and close to the European price level – **43 OPEC**: Organization of Oil Exporting Countries, an organization of countries that produce and sell oil – **45 G.M.**: General Motors, an American car-producing company

Aufgabenstellung

1. Point out what Friedman says about the present challenges America has to face and what he considers the only possible way to meet them.
(Comprehension) *(16 Punkte)*

2. Examine how Friedman tries to convince his readers that action must be taken urgently to prevent "the decline of our way of life" (l. 54). Refer to the use of language and the argumentative techniques he employs.
(Analysis) *(24 Punkte)*

3. Choose one of the following tasks:

3.1 The author refers to the adaptation of the American Dream by the new global players India, China and the former Soviet Union (cf. ll. 25–27). Discuss whether their version of the American Dream can serve as a model for the world in the 21st century, illustrating your view with examples of countries you have studied.
(Evaluation: comment) *(20 Punkte)*

3.2 You are a guest student at an American college where Friedman's suggestion to introduce a gasoline tax is hotly debated among many of the students. One of your teachers makes you prepare a speech for or against this suggestion. Write a short speech to be given in class in which you refer to Friedman's article and argue from the perspective of a young European.
(Evaluation: re-creation of text) *(20 Punkte)*

Materialgrundlage:
- Ausgangstext: Sach- und Gebrauchstext (Leitartikel)
  Fundstelle des Textes:
  Thomas L. Friedman, "The New 'Sputnik' Challenges: They All Run on Oil", *The New York Times*, January 20, 2006.
  http://select.nytimes.com/2006/01/20/opinion/20friedman.html?hp
  Wortzahl: 797

Zugelassene Hilfsmittel:
- Einsprachiges Wörterbuch
- Zweisprachiges Wörterbuch

Erwartungshorizont zur Klausur 1 *(The New 'Sputnik' Challenges)*

1. Point out what Friedman says about the present challenges America has to face and what he considers the only possible way to meet them. (*Comprehension*)

Diese Teilaufgabe verlangt, dass Sie Friedmans Darstellung der Herausforderungen, Gründe und Lösungsvorschläge mit eigenen Worten wiedergeben.

Einleitung:
In his article Friedman mentions three challenges America has to deal with, presents their reasons and suggests how to solve the problems.

The three challenges

- The economic growth in China and India and the economic competition with them as well as Japan and Europe, e. g. because of the production of cheaper cars in China and the development of petrol-saving cars in Japan and Europe
- The threatening technological progress in Iran due to the production of nuclear bombs despite UN sanctions
- Climate change or global warming

Four reasons

- The enormous American oil purchase at a high price, which enables Islamist terrorists to finance their activities and at the same time allows the US Administration to pay the war on terrorism in Iraq with tax dollars
- The demand for more and better products by the new global players India, China and Russia contributes to the acceleration of global warming, which could only be reduced by using renewable energies instead of fossil fuels
- As industries that develop environmentally friendly technologies and products will be most successful in the 21st century, the USA has to change its environmental policy to prevent the economic domination of China, India and Europe
- Because of the high oil price America is paying to Iran and other "criminal regimes" (l. 38) the USA contributes to their economic and political power, which in turn is a threat to the spread of democracy in the world

Schluss:
Friedman's suggestion how to meet the challenges:
Against the decision of President Bush, Friedman suggests imposing higher taxes on petrol to change the buying patterns of the consumer and consequently urge the American car industry to produce petrol-saving cars. That would also make the use of alternative energies competitive with oil and support the development of environmentally friendly technologies in the USA. Thus the American Administration could avert the danger of being dominated by foreign green innovations and preserve the American standard of living.

2. Examine how Friedman tries to convince his readers that action must be taken urgently to prevent "the decline of our way of life" (l. 54). Refer to the use of language and the argumentative techniques he employs. (*Analysis*)

Bei der Lösung dieser Teilaufgabe wird erwartet, dass Sie analysieren, durch welche rhetorischen Mittel der Autor seine Argumentation unterstützt, um die Leser zu überzeugen.

Einleitung:
As Friedman's purpose is to convince his readers of changing their consumer mentality and of buying environmentally friendly products he makes use of various linguistic and argumentative devices.

Hauptteil:

- Friedman arouses the readers' interest by connecting the new challenges with the Sputnik shock and oil purchases in the headline and with the surprising antithesis in the first line: "… the hottest new American cars. Instead, I found Sputnik."
- The headline corresponds with the structure of the article which falls into three parts: the three new challenges (ll. 1–20), four reasons (ll. 21–41) – the paragraphs introduced by ordinal numbers – and the final suggestion how to meet the challenges (ll. 42 – 55)
- The author makes rather informal reference to his personal impressions and thoughts based on facts by the use of the first person singular: "I came to … I found" (l. 1) or "I am saying …" (l. 15) to establish a direct relationship between himself and the reader who is addressed directly by the use of "you", "your", "friends" (cf. ll. 3, 10, 13). This feeling of intimacy is even stressed by mentioning family relationships, e. g. "your grandfather" (l. 19), "your kids" (l. 32) and by using elements of spoken language such as "well" (ll. 6, 10, 13)
- Friedman includes everybody by the frequent use of "we" and "our" (ll. 15, 16, 18, 21 etc.) to emphasize the challenges and threats, the American nation as a whole has to face and has to be blamed for, e. g. "the threat to our security" (l. 16), "we are in the midst of an energy crisis" (l. 21), "we are in a war against a radical, violent stream of Islam" (l. 21), "We are financing both sides in the war on terrorism" (l. 22), "we are going to undermine the whole democratic trend" (ll. 35 f.). Finally, he appeals to the consumers to change their mentality: "The one thing we can do …" (l. 42)
- Examples taken from history underscore similar threats in the past and the reaction of the American Administration, e. g. the Sputnik shock in 1957 (ll. 3 f.), the hurricane Katrina in 2005 (ll. 14, 29) and the Cold War before the fall of the Berlin Wall (cf. ll. 36, 39)

- Topical examples highlight present and future threats such as hurricanes and melting glaciers, economic decline, the loss of competitiveness and innovation, terrorism and the Iranian nuclear bomb stylistically emphasized by the use of conditional clauses and Future Tense (cf. ll. 27 ff.)
- The metaphorical use of the word "Sputnik" stresses the new challenges that threaten the American way of life; the use of the metaphor "steel ball" (l. 16) instead of Sputnik, "players" (l. 25) for people and the antithetical use of the metaphors "black tide" and "democratic wave" underline the dangers America has to face
- With rhetorical questions, e. g. "That doesn't get your attention?" (l. 10), "That doesn't worry you?" (l. 13) Friedman tries to catch the reader's interest. By asking himself and immediately giving the answer, he stresses his view of the issue, e. g.: "What am I saying here? I am saying that ..."(l. 15)
- Using words such as "stunned" (l. 4), "war", "radical", "violent" (l. 21), "terrorism" (l. 22) etc., the author underscores the feeling of being endangered
- Friedman employs various stylistic devices for emphasis such as
  - repetition: "threat(s)" (ll. 16 f.), "energy crisis" (ll. 19 f.),
  - alliteration: "fueled and funded" (l. 21), "fossil fuels" (l. 28), "far faster" (l. 28),
  - anaphora or parallel sentences: "It's not ... It's a car ... It's called ... It's made ..." (ll. 7–9),
  - enumeration: "Islamist charities, madrases and terrorist organizations" (l. 23, cf. also ll. 30 f.),
  - rhyme: "space race" (l. 5),
  - the comparison of adjectives, e. g. "hottest" (l. 1), "bigger/biggest" (ll. 20, 31), "faster" (l. 28), "worst" (used twice in l. 37), and
  - hyperbole: "to buy off or tell off the rest of the world" (l. 12), "Katrina will look like a day at the beach." (l. 29) etc.

3.1 The author refers to the adaptation of the American Dream by the new global players India, China and the former Soviet Union (cf. ll. 25–27). Discuss whether their version of the American Dream can serve as a model for the world in the 21st century, illustrating your view with examples of countries you have studied. (*Evaluation: comment*)

Bei Ihrer Stellungnahme können Sie Friedman mehr oder weniger beipflichten. Dabei sollten Sie nicht nur den ökonomischen Aspekt des American Dream beachten. Außerdem müssen Sie fundierte Kenntnisse über die politisch-ökonomische Situation in Indien und China bzw. anderen „Schwellenländern" einbeziehen.

Einleitung:
Friedman criticizes the adaptation of the American Dream in India, China and Russia which has been reduced to the aspect of material wealth and which

strongly contributes to global warming. He believes that such a version of the American Dream is no model for the future. Instead, we have to prevent such a dangerous climate change, for instance, by the use of renewable energies.

Hauptteil:
The American Dream

- Contrary to Friedman's view, the new global players do not adopt the so-called American Dream but promote their industrial development to raise economic growth and the living standard in their countries
- The concept of the American Dream has undergone a shift of meaning from the early days of the Pilgrim Fathers to the US of the 21st century. The Puritan work-ethic and the ideals of the American Declaration of Independence (1776) such as 'Life, Liberty and the Pursuit of Happiness' or the Bill of Rights (1791) such as 'equal justice' have been replaced to a certain extent by the strive for economic success and social advancement
- Critics believe that material success – expressed in the motto 'from rags to riches' – is indeed considered more important in the USA than the traditional ideals and values. Moreover, the ideals of the American Dream are frequently violated in the USA, in particular concerning black and poor citizens
- China and Russia, however, do not sufficiently respect the fundamental human rights, for instance the freedom of the press

Economic growth and global warming

- The new global players such as India and China and the developing countries have the same right to economic growth and wealth as the Western industrialised states, e. g. Australia, France, Germany, Japan etc.
- All countries are obliged to reduce environmental damages, the exploitation of the natural resources and global warming and thus protect their own people from health hazards and natural disasters such as heavy storms and rainfall, the rising sea level, desertification, the extinction of species etc.
- National environmental laws and international agreements such as the Kyoto Protocol should be followed by stricter and more binding agreements and should be respected and controlled. As a consequence, the American president must also sign such international documents and reduce air pollution in the United States, which is the highest in the world (about 25% of global Carbon dioxide emission)
- In order to reduce global warming Friedman is right when he demands to reduce energy consumption and to use renewable energies such as solar and wind energy instead of fossil fuels. Consequently, he demands to develop energy-saving technologies
- Unrestricted economic growth and industrialization in China or India mean extreme air and water pollution and thus intolerable health hazards in big cities. As these problems seem to be taken more seriously, the use of renewable energies and energy-saving technologies is supported though not yet sufficiently

- Such green technologies must also be available for developing countries
- China, India and Russia are not yet able to raise the living standard of the rural population. The gap between the rich in the big cities and the poor living in the country is widening. In India, for instance, highly-educated and trained IT engineers in New Delhi get rather high salaries whereas villagers are frequently uneducated and suffer from poverty and disease. Because of the population explosion the government is unable to improve their educational, economic and ecological situation
- The USA is the biggest emitter of carbon dioxide in the world, also because of the unrestricted use of electricity in houses, factories, business and entertainment centres and the use of cars that need a high amount of petrol, so-called gas guzzlers. Therefore, Friedman is right to make American consumers aware of their waste of energy, to suggest that they should buy energy-saving products and to demand the development of green technologies
- The USA and Europe could also profitably export such technologies to China, India, Russia and the developing countries and thus create more jobs
- Besides, the poor countries in Africa must be enabled through foreign aid and fair trading of their goods on the world market to improve their living conditions and afford energy-saving technologies such as photovoltaic energy generators. Thus they could contribute to the reduction of greenhouse gases
- It can be doubted that a higher price for petrol as suggested by Friedman will really change the mentality of the American consumer since the price will still be lower than in European countries. However, I believe that international competition and the danger of losing jobs could force the American car industry to produce petrol-saving cars

Schluss:
The economic or "new" version of the American Dream is, of course, no model for the world in the 21st century because together with the demands of the growing world population global warming and environmental hazards will increase to such an extent that Planet Earth will become increasingly uninhabitable, a development already documented by UN scientists. All nations have to feel ecologically responsible for our common future and make economic growth compatible with environmental protection.
Moreover, the values expressed by the UN in the Common Declaration of Human Rights (1948), in the American Declaration of Independence (1776) and in the German Basic Law and the Constitutions of other democratic nations should be respected and guide the actions of people all over the world. This also applies to the values of the "old" American Dream such as liberty, justice and self-determination.

3.2 You are a guest student at an American college where Friedman's suggestion to introduce a gasoline tax is hotly debated among many of the students. One of your teachers makes you prepare a speech for or against this suggestion. Write a short speech to be given in class in which you refer to Friedman's article and argue from the perspective of a young European.
(*Evaluation: re-creation of text*)

Beim Verfassen Ihrer Rede müssen Sie folgende formale Aspekte beachten:

- angemessene Anrede der Zuhörer, hier z. B. „Dear friends"
- am Anfang Erwecken des Interesses der Zuhörer, z. B. durch die Hervorhebung der Bedeutsamkeit bzw. Fragwürdigkeit des Vorschlags von Friedman
- Darstellung der Position Friedmans und Diskussion der im Artikel genannten Beispiele
- klare Darstellung der eigenen Position
- Verwendung wirksamer Redemittel zur Betonung bzw. Veranschaulichung
- abschließend Dank für die Aufmerksamkeit

In Ihrer Rede können Sie zunächst zum Ausdruck bringen, dass Sie es zu schätzen wissen, an einem amerikanischen College studieren zu dürfen. Dies schließt eine kritische Auseinandersetzung mit der amerikanischen Umweltpolitik nicht aus.
Im Hauptteil der Rede können Sie die unter **3.1** angeführten Beispiele und Argumente einbeziehen, erörtern und bewerten sowie eigene Beispiele anführen, um abschließend Ihre Zustimmung, Ablehnung oder abwägende Schlussfolgerung zum Ausdruck zu bringen.

Extract from T. Coraghessan Boyle's novel *The Tortilla Curtain* (1996)

They have been camping and hiding deep down in Topanga Canyon, Los Angeles – Cándido (33) and his young, pregnant wife América (17), illegal immigrants from Tepoztlán, a village in the Morelos district in the south of Mexico. Cándido managed to get some low-paid odd jobs at first until he was run over by a car and badly injured. With Cándido clearly unable to work, América has decided to look for a job herself. Cándido, worried about what might happen without him to protect her, tries to forbid her to go.

"Besides, there are no jobs for women there, only for men with strong backs. They want *braceros*, not maids."

"Listen," she said, and her voice was quiet and determined, "we have maybe a cup of rice left, half a twelve-ounce sack of dry beans, six corn *tortillas* – no eggs, no milk. We have no matches to start the fire. No vegetables, no fruit. Do you know what I would do for a mango now – or even an orange?"

"All right," he snarled, "all right," and he pushed himself up from the blanket and stood shakily, all his weight on his good leg. The aspirin bottle was nearly empty, but he shook half a dozen tablets into his palm and ground them between his teeth. "I'll go myself. Nobody can tell me I can't feed my wife –"

She wasn't having it. She sprang to her feet and took hold of his forearm in a grip so fierce and unyielding it surprised him. "Maybe tomorrow," she said. "Maybe the next day. What happened to you would have killed an ordinary man. You rest. You'll feel better. Give it a day or two."

He was woozy on his feet. His head felt as if it were stuffed with cotton. The crow mocked him from an invisible perch. "And what do you plan for work?"

She grinned and made a muscle with her right arm. "I can do anything a man can do."

He tried for a stern and forbidding look, but it tortured his face and he had to let it go. She was tiny, like a child – she was a child. She couldn't have weighed more than a hundred and five pounds, and the baby hadn't begun to show yet, not at all. What could she hope to accomplish at a labor exchange?

"Pick lettuce," she said. "Or fruit maybe."

He had to laugh. He couldn't help himself. "Lettuce? Fruit? This isn't Bakersfield, this is L.A. There's no fruit here. No cotton, no nothing." His face tightened on him and he winced. "There's nothing here but houses, houses by the millions, roof after roof as far as you can see …"

She scratched at a mosquito bite on her arm, but her eyes were alive, shining with the image, and her lips compressed round a private smile. "I want one of those houses," she said. "A clean white one made of lumber that smells like the mountains, with a gas range and a refrigerator, and maybe a little yard so you can plant a garden and make a place for the chickens. That's what you promised me, didn't you?"

She wanted. Of course she wanted. Everybody who'd stayed behind to dry up and die in Tepoztlán wanted too – hell, all of Morelos, all of Mexico and the Indian countries to the south, they all wanted, and what else was new? A house, a yard, maybe a TV and a car too – nothing fancy, no palaces like the *gringos* built – just four walls and a roof. Was that so much to ask?

He watched her lips – pouting, greedy lips, lips he wanted to kiss and own. "Well?" she demanded, and she wasn't teasing now, wasn't bantering or joking. "Didn't you?" He'd promised. Sure he had. He'd held up the lure of all those things, washing machines, vacuum cleaners, the glitter of the North like the second Eden; sure, a young girl like her and an old man like himself with gray in his mustache – what else was he going to tell her? That they would get robbed at the border and live under two boards at the dump till he could make enough on the streetcorner to get them across? That they'd hide out like rats in a hole and live on a blanket beside a stream that would run dry in a month? That he'd be hammered down on the road so he could barely stand or make water or even think straight? He didn't know what to say.

She let go of his arm and turned away from him. He watched the morning mist enclose her as she began to pick her way over the boulders that cluttered the ravine like broken teeth. When she got to the foot of the trail she swung round and stood there a moment, the mist boiling beneath her. "Maybe somebody will need a floor mopped or a stove cleaned," she said, the words drifting down to him over the hum of the invisible cars above.

It took him a long moment, and when he spoke it was as if the air had been knocked out of him. "Yeah," he said, sinking back down into the blanket. "Maybe."

Anmerkungen:
2 *braceros*: men hired on a daily basis, usually for hard work – **15 cotton:** (*here*) cotton wool (Watte) – **18 it tortured his face:** in the accident Cándido's left cheek was smashed in, so every movement of his face causes extreme pain (cf. also ll. 24f.: "His face tightened on him and he winced.") – **21 labor exchange:** (*here*) a kind of unofficial job centre, an open space where job seekers (mostly Hispanics, mostly men) show up in the morning and wait for (white) employers to pull up and offer them a job for the day – **23f. This isn't Bakersfield ...:** Cándido is familiar with the area and job opportunities because he spent seven seasons as a migrant farm worker in the U.S. when he was younger – **29 gas range:** gas stove for cooking – **30 yard:** area behind a house and belonging to it – **32 dry up:** (*here*) live miserably, live in poverty – **35 *gringos*:** (*offensive*) word used in Latin America for white foreigners, esp. Americans

Aufgabenstellung

1. Summarize what we learn about Cándido and América, their dreams, their past experience and present situation.
(Comprehension) *(16 Punkte)*

2. Analyse the relationship between the two characters and the way it is presented to the reader through narrative perspective as well as interaction and dialogue.
(Analysis) *(24 Punkte)*

3. Choose <u>one</u> of the following tasks:

3.1 Discuss América's dream (cf. ll. 29–31) and compare it to similar and different versions of the American Dream you have come across in literary and/or non-literary texts.
(Evaluation: comment) *(20 Punkte)*

3.2 Imagine what is going on in América's mind when she turns around at the foot of the trail and looks back towards Cándido (cf. ll. 49–51). Write down her thoughts using a first-person point of view.
(Evaluation: re-creation of text) *(20 Punkte)*

Materialgrundlage:

- Ausgangstext: literarischer Text (Romanauszug)
  Fundstelle des Textes:
  T. Coraghessan Boyle, *The Tortilla Curtain*, Penguin, Harmondsworth 1996, S. 27–29
  Wortzahl: 782

Zugelassene Hilfsmittel:

- Einsprachiges Wörterbuch
- Zweisprachiges Wörterbuch

Erwartungshorizont zur Klausur 2 *(The Tortilla Curtain)*

1. Summarize what we learn about Cándido and América, their dreams, their past experience and present situation. (*Comprehension*)

Hier wird erwartet, dass Sie die wesentlichen Hoffnungen und Erfahrungen der Protagonisten wiedergeben.

Einleitung:
In this extract from T.C. Boyle's novel *The Tortilla Curtain* the author describes the problems and hopes of a Mexican couple who illegally immigrated to California.

Hauptteil:
- They left their village in Mexico because of the poor living conditions there, the lack of jobs and their hopeless situation
- In order to find a job and improve their living conditions they illegally immigrated to America
- Cándido had persuaded his pregnant young wife to emigrate by telling her that he would find a job and be able to buy what every poor Mexican dreams of, i.e. a house, all the modern equipment such as a refrigerator, washing machine, vacuum cleaner, a TV set and car (cf. ll. 28 ff., 32 ff., 39 f.)
- Like her husband América dreams of a life in decent comfort without wishing to live in luxury like the Americans (cf. ll. 35 f.)
- Already before crossing the border they were robbed and had to live under boards at a dump
- But contrary to their dreams of a better life in America, they live in misery because they have to hide in a canyon and sleep on a blanket without being protected against the weather. They do not have enough food and are without a job because Cándido is unable to work after being severely hurt by a car
- As he is so weak that he can hardly stand and is without medical treatment apart from aspirin, his wife América decides to try and get a job as a charwoman or anything like that

Schluss:
Thus the author confronts the reader with the miserable and nearly hopeless situation of Mexican immigrants in America.

2. Analyse the relationship between the two characters and the way it is presented to the reader through narrative perspective as well as interaction and dialogue. (*Analysis*)

Einleitung:
The young Mexican couple's relationship, their misery and their strong will to survive is mainly expressed by their interaction, dialogue and thoughts.

Hauptteil:
Interaction, dialogue and thoughts:

- At the beginning of the dialogue there is a big controversy between Cándido and his young wife because of her decision to look for a job as long as her husband is unable to work
- Cándido's attempt at forbidding it is due to his pride and his traditional understanding of the different roles of men and women: "Nobody can tell me I can't feed my wife" (ll. 9 f.)
- Despite her being only 17 years old and her pregnancy América is not willing to obey to her husband, who is nearly double her age, and she is determined to leave for work
- América is strong-willed, down-to-earth and behaves reasonably when she tries to convince her husband of her decision and his inability to work because of his injuries
- She also shows her determination by her tight grip, which is described as "fierce" and "unyielding" (l. 12); she only lets his arm go before leaving
- She is compassionate because she encourages her husband to find a job once he is strong enough again
- Cándido, who loves his wife very much and wants to care for her (cf. l. 37), is "surprised" by her strength but still believes that she is a child, too weak for work, and without a chance to get a job since only strong men are wanted for the odd jobs offered at the labour exchange
- Despite their miserable living conditions, América still trusts in her husband's promise of a better life in America
- Their dreams are stressed by the enumeration of things they would like to have (cf. ll. 28 ff., 34 ff.) and, for instance, by the repetition of the phrase "she wanted" (l. 32)
- Cándido envies the rich Americans, which is underlined by the offensive word "gringos" and by describing their houses as "palaces" contrary to his modest dream of a simple house he believes to be entitled to have: "Was that so much to ask?" (ll. 35 f.)
- Though he is only 33 years old, Cándido feels like "an old man" (l. 41), who coaxed his 17-year-old and inexperienced wife to emigrate by promising her to find a "paradise", a "second Eden" (l. 40) in America. His feeling of having tricked his wife is underlined by the word "lure" (l. 39). The enumeration of questions stresses his helplessness (cf. ll. 41 ff.): "What else was he going to tell her? ... He didn't know what to say."

- Because of her strong will and his weakness Cándido finally runs out of arguments, and resignedly (cf. "as if the air had been knocked out of him", ll. 52 f.) accepts his wife's decision. However, he remains uncertain, which is underlined by his final words "Yeah" and "Maybe"

Narrative perspective
- This extract is narrated from a third-person point of view
- As the narrator presents the interaction and the dialogue without commenting on them but merely records them, the narrative attitude is neutral
- The narrator's perspective exemplifies limited omniscience since he also enters into Cándido's mind and reports his thoughts, which he hides from his wife. Thus the reader learns about Cándido's guilty conscience
- América's thoughts and feelings, however, are only expressed by her behaviour and words. She is characterized as an honest and open-minded woman who does not hide her feelings and wishes.

Schluss:
Thus the author describes the characters and their situation in a lively way, in particular their love for each other, Cándido's pride and male role behaviour and América's compassion and determination. Boyle employs controversial dialogue and interaction to stress the role conflict and a narrative perspective that makes the reader aware of the characters' miserable life, their will to survive and their dreams, feelings and thoughts.

3.1 Discuss América's dream (cf. ll. 29–31) and compare it to similar and different versions of the American Dream you have come across in literary and/or non-literary texts. (*Evaluation: comment*)

Bei der Stellungnahme müssen Sie Américas Traum von einem besseren Leben zu wesentlichen Aspekten des American Dream in Beziehung setzen und durch Beispiele verdeutlichen.

Einleitung:
América's dream of a better life in the USA is based on her husband's promise, that he gave her before their emigration to California.

Hauptteil:
- Like all poor Mexicans Cándido and his wife dream of a small house (cf. "just four walls and a roof", l. 35), a small garden and some modern equipment they cannot afford in Mexico because of being unemployed and poor. Their dream is rather modest and corresponds to the basic necessities of life such as shelter, food and clothes and the ordinary comforts of life such as some household appliances

- Their dream reflects the aspects of the American Dream poor people hope to realize in America such as 'Life, Liberty and the Pursuit of Happiness', which contrasts with the protagonists' situation as described by the author. They are without a proper shelter, food and medical care and have to fight for survival. They are not free because as illegal immigrants they have to hide "like rats" (l. 43) and accept every odd job with the risk of being exploited. As they live on a blanket in a canyon they are unable to enjoy the happy family life América dreams of since she is pregnant and needs an adequate place to live
- With the expression "second Eden" Boyle also alludes to the religious aspect of the American Dream coined by the Pilgrim Fathers who hoped to build a 'New Jerusalem' by serving God and working hard for their community. However, Cándido and América predominantly think of personal material welfare like most of the European immigrants who came to the USA during the 19th and 20th century. The majority of them left their home country because of unemployment and poverty, only a few emigrated because of political persecution and hoped to realize their dream of freedom in the US
- Fundamental aspects of the American Dream are also expressed in the American Declaration of Independence, Martin Luther King refers to in his famous speech *I Have a Dream*. King reminds his audience of its central idea that 'all men are created equal' and thus claims equal rights for all American citizens irrespective of birth, status, sex and race
- Many black poets, for instance Langston Hughes in his poem *America*, demand to end slavery, poverty and pain and to realize the values of the American Dream for African-Americans
- Other aspects of the American Dream are expressed in the Bill of Rights such as freedom of the press, freedom of speech and equal justice, which are not referred to in this extract of *The Tortilla Curtain*
- The aspect of economic success is also based on the Protestant work ethic pointed out, for instance, by Benjamin Franklin in his *Advice to a Young Tradesman*. In his letter from 1748 Franklin advises a friend to follow the principles of 'industry' and 'frugality' in order to become rich. Cándido and his wife both seem to adhere to this concept since they are willing to accept every kind of hard work and do not strive for any kind of luxury
- In the 19th and 20th century the aspects of material success and social advancement have become even more important. Slogans such as 'from rags to riches' reflect the growing secularization of the American Dream that is frequently criticized as an American Nightmare. For example, John Steinbeck's novel *Grapes of Wrath*, Arthur Miller's play *Death of a Salesman* and this extract from T.C. Boyle's novel mirror this shift of meaning

Schluss:
América's and Cándido's modest dream of a small house and garden, i.e. of a human place to live, of work and property is also the dream of a life in security and happiness. It is the prerequisite of being accepted as legal immigrants and

American citizens and of all the other aspects of the American Dream. However, the miserable situation of the young couple as described in this extract shows how hard it is – especially for hyphenated Americans – to realize even this modest version of the American Dream.

3.2 Imagine what is going on in América's mind when she turns around at the foot of the trail and looks back towards Cándido (cf. ll. 49 – 51). Write down her thoughts using a first-person point of view. (*Evaluation: re-creation of text*)

Bei Ihrer Weitererzählung müssen Sie, ausgehend vom vorliegenden Textausschnitt, Américas Einschätzung ihrer Lage, ihre Entschlossenheit und Hoffnung zum Ausdruck bringen.

Anfang:
Looking back, expressing her hope to find a job as a charwoman to her husband, waving her hand

Hauptteil:
América's feelings, thoughts and hopes

- pity for her husband and wishing to help him
- expressing her love
- reflecting on their misery living in a canyon, being threatened by starvation, dirt and illness
- remembering Cándido's promises of a better life and hoping to realize their dream
- feeling responsible for her unborn baby
- self-determined and no longer willing to fully depend on her husband
- no longer willing to be treated like a child by Cándido though he is older and more experienced
- hoping to find an odd job to earn some money for food at least as long as her husband is unable to work
- wishing to be accepted as a legal American citizen

Schluss:
Walking up the trail and disappearing in the mist

5. Teil

Originalklausuren 2008

Die in den Erwartungshorizonten vorgestellten Lösungsvorschläge sind keine offiziellen Lösungen des Ministeriums für Schule und Weiterbildung des Landes Nordrhein-Westfalen.

Extract from Manil Suri's novel *The Death of Vishnu* (2001)

Vinod Taneja, a widower, lives in an apartment block in Mumbai, India. The following extract describes how he and his wife met and prepared for their wedding night.

On the day Vinod passed his Bachelor of Commerce exam, his father announced they had found a suitable match for him. Would he have any objection to marrying Sheetal, the niece of his uncle's wife, who had been at Paplu's birthday party last week?

Vinod remembered seeing her there. He hadn't paid her any attention, nor had he tried to talk to her, although he was sure he had said hello once at a previous family function. She was not the most beautiful woman he had laid eyes on, but on the other hand, he couldn't remember any obvious physical defects either. Thinking about it overnight, he could come up with no particular reason to either reject or endorse the match. The wedding was negotiated that very week.

A few days later, he found himself at the house of his future in-laws. Sheetal's mother brought out the sets of jewelry that were to be given with the bride and laid them out for his family's inspection. His mother put on her reading glasses, and lifting the pieces from their red velvet boxes, started examining them one by one. Vinod watched the proceedings for a while, and then, with nothing to do, picked up a necklace himself, and held it up against his palm.

He was trying to follow a point of light as it skittered from stone to stone when his eyes met Sheetal's. He was startled by the disdain in them, a disdain so keen he had to look away. He put the necklace down immediately, then tried to catch Sheetal's eye again. But she did not look up, keeping her face properly lowered through the rest of the meeting.

He saw her next a few weeks after that, at their engagement. He wanted to talk to Sheetal then, but their eyes did not meet once during the entire ceremony. Even when he offered her the laddoo, Sheetal did not raise her head, but waited for him to bring it to her mouth, so she could take a delicate bite.

The period between the engagement and wedding passed by in a haze. Vinod spent the days at his new job in the bank, and his evenings as before, gathering with friends at the café near Churchgate. There were many jokes about his impending union, but somehow he managed not to think about how his life was going to change. The wedding always seemed to be at least a few days away, and Vinod occupied his hours without letting himself worry about it.

It was only when he saw his garments being tied to Sheetal's that the enormity and irreversibility of the situation hit him. He was getting married, and he did not know why, or to whom. He looked up at the guests and relatives all around and heard them whispering and saw them smiling at him. […]

And then he was entering their wedding-night room and closing the door, the sounds of giggling were left outside, and the bride was sitting on the petal-strewn bed. He had seen this scene so many times before – Raj Kapoor and Nargis, Guru Dutt and Waheeda Rehman, Dilip Kumar and Madhubala, the heroine always in embroidered silk, the groom in impeccable white, and when the hero pulled back the heroine's ghunghat, she kept her eyes closed. He reached out to lift the cloth, and his hand wavered. What if Sheetal's eyes were staring at his, defiant, with the look of that first day? But his wife must have seen the same films he had, because when he looked under the cloth, her eyes were closed, the dots painted in ceremonial white forming a serene arch over her eyebrows. For a second, he wondered if he should break into song as they did in the movies. Instead, he lifted her head slowly, and asked her to open her eyes.

In that first clear look into the eyes of the person with whom he was supposed to spend the rest of his life, he was relieved to find not defiance but curiosity, not disdain but unfamiliarity, not love but not dislike, either. [...]

They sat there next to each other, the layers of clothing and ornaments they were wearing too intimidating to allow conversation, let alone intimacy. More daunting was the fact that they had met only twice since the engagement, that too under the supervision of a caucus of chaperons. The silence pressed around them, as oppressive as the heat and the humidity in the air.

Anmerkungen:
1 Bachelor of Commerce: the basic college/university degree in the field of economics – **5 function:** *here:* social event – **22 laddoo:** ball-shaped Indian sweet – **26 Churchgate:** business area in Mumbai (formerly known as Bombay, the biggest city in India) with a lot of offices and banks – **30 garments being tied:** in a Hindu wedding ceremony first the scarves of the bride and the bridegroom are tied together as a symbol of their union and then the couple walks seven times around a fire and takes the seven wedding promises – **36 Raj Kapoor etc.:** popular Indian film actors and actresses – **38 ghunghat:** *(Hindi)* cloth worn by a bride to hide her face

Aufgabenstellung

1. Describe the preparations for the marriage and the young couple's behaviour and feelings.
   (Comprehension) *(16 Punkte)*

2. Analyse the way in which Manil Suri portrays the arranged marriage. In doing so, consider setting, mode of presentation, point of view and characterization.
   (Analysis) *(24 Punkte)*

3. Choose one of the following tasks:

3.1 Against the background of the current debate on a "clash of cultures", compare the type of marriage described in this text with the different ways of finding a partner in the film *Bend it Like Beckham*, and comment on the future of marriage traditions in a multicultural society.
(Evaluation: comment) *(20 Punkte)*

3.2 Fill the gap in line 33 with Vinod's thoughts at this moment. Make sure that your addition helps the reader to understand Vinod's views of the events and fits in with Vinod's character and the narrative style of the text.
(Evaluation: re-creation of text) *(20 Punkte)*

Materialgrundlage:

– Ausgangstext: literarischer Text (Romanauszug)
  Fundstelle des Textes: Manil Suri, The Death of Vishnu (London: Bloomsbury, 2001), pp. 199–202
  Wortzahl: 751

Zugelassene Hilfsmittel:

– Ein- und zweisprachiges Wörterbuch

Erwartungshorizont zur Klausur 1 *(Extract from Manil Suri's novel "The Death of Vishnu" (2001))*

1. Describe the preparations for the marriage and the young couple's behaviour and feelings. *(Comprehension)*

Einleitung:
In this extract from Manil Suri's novel the author describes a traditional Hindu arranged marriage.

Hauptteil:

- At the beginning of this extract Vinod is asked by his father if he has any objection to marrying Sheetal who Vinod had seen the week before at a birthday party of one of their relatives. He remembers seeing her but he had scarcely noticed her since she is not the most beautiful girl. But as she is also without any physical defect he does not know any reason to reject his father's idea and consents to the arranged marriage the following day.
- After the wedding negotiations his mother inspects the jewellery of his wife-to-be, whereas Vinod does not seem to be very much interested in the bridal presents. But he is surprised and even shocked when he looks into Sheetal's eyes which only express contempt.
- At their engagement and when they meet twice under the supervision of chaperons, Sheetal also does not lift her face to look at Vinod who continues to work in a bank without being worried about the wedding until he realizes that he is going to marry a girl he does not really know. In addition, he does not know why he is marrying her at all.
- After the traditional wedding ceremonies and the wedding party Vinod enters the wedding-night room where his wife is sitting on the bed strewn with petals as if she were a bride in a Bollywood film. This time Sheetal looks at him without disdain when he lifts her veil and her head. She seems to be curious and unfamiliar with her situation, but she also expresses no love or dislike.
- Sitting next to each other and wearing their wedding garments and jewellery, they remain silent and inactive and feel uneasy and strange.

Schluss:
The author describes the arranged marriage in a way that reflects both its traditional preparations and ceremonies and the indifference and insecurity of the young couple who seem to obey their parents' decision without question.

2. Analyse the way in which Manil Suri portrays the arranged marriage. In doing so, consider setting, mode of presentation, point of view and characterization. *(Analysis)*

Einleitung:
The author seems to present the main aspects of an arranged marriage in Hindu families including the thoughts and feelings of the young people who consent to being married without really knowing each other.

Hauptteil:

- The setting described in this extract is Mumbai since the action takes place at Churchgate, a business area in Mumbai, where the protagonist Vinod works in a bank after his Bachelor Commerce exam. At the beginning of this extract Vinod and his father are at home where Vinod is asked to marry Sheetal. After that the characters meet at Sheetal parents' house where Vinod's mother inspects the bride's jewellery and Sheetal looks at Vinod with disdain. As he is not really interested in marrying Sheetal, Vinod spends his time working in the bank and meeting his friends in a café. Finally, the young couple is alone on their wedding night without talking to each other. The different places reflect the traditional preparations for an arranged marriage and the feelings of the major characters from disdain and indifference to curiosity, insecurity and uneasiness.
- The author presents the views of the characters on the arranged marriage in a different way: Vinod's father obviously believes that his son should marry immediately after his exam. Though he suggests an arranged marriage, he allows his son to think it over at night. Vinod, however, consents to his father's decision though he is educated and does not really know his wife-to-be. Consequently, the author presents the traditional wedding preparations and ceremonies, i. e. the first negotiations, the inspection of the jewellery, the engagement and the wedding night. Everything takes place in a rather short time and shows that Vinod and Sheetal only meet a few times and do not have the opportunity to get to know each other really. Vinod's mother only seems to be interested in the bride's jewellery. Sheetal obviously does not openly protest against her parents' decision though she shows her dislike when she disdainfully looks at Vinod. Vinod's friends and the wedding guests only crack jokes or seem to giggle ambiguously. When the time between the engagement and the wedding passes by Vinod neither thinks about his marriage nor does he worry about it until he suddenly realizes that his marriage is irreversible. Thus the author emphasizes his indifference and ignorance about the consequences for his future life.

- As the third-person narrator seems to be someone who knows everything about the characters and events in the story, he can be called omniscient. But as most of the action, the ideas and feelings are presented from Vinod's point of view, the narrator's view is limited to a certain extent. For instance it is Vinod who remembers everything as a widower living in an apartment in Mumbai. His experiences and impressions are described when he consents to his father's choice of a bride and accepts the traditional rules and conventions of a Hindu wedding ceremony. They are also clear when he describes both his indifference and ignorance and his bride's conventional behaviour and her changing feelings, from disdain to curiosity.
- The characters are sometimes described directly, for instance when Sheetal is described as "not the most beautiful woman" (l. 6) or Vinod as someone who does not worry about the wedding (ll. 28 f) and is suddenly hit by "the enormity and irreversibility" (ll. 30 f) of his situation. But the characters are mainly characterized indirectly by their outward appearance and their behaviour, for instance when they behave in the traditional way at the engagement and wedding ceremonies and use certain Indian objects with a symbolic meaning such as the ladoo or the ghunghat (cf. ll. 22, 30, 38). Sheetal's feelings for instance can be recognized by her disdainful look and when her eyes seem to express curiosity and unfamiliarity (ll. 46 f) though Vinod is uncertain about her true feelings. But even though the lowering of her face (ll. 17 f) is described as "proper" (l. 19), it is obviously traditionally expected of a bride.
  The author does not employ dialogue to describe the characters but he uses some questions to demonstrate that Vinod's father allows him to think about the choice of the bride over night (cf. ll. 2 f) or to stress Vinod's fear after the wedding ceremony: "What if Sheetal's eyes were staring at his, defiant, with the look of that first day?" (ll. 39 f) To emphasize the inexperience of the young couple, their situation is compared with the dream world of Bollywood films and seems to appear to them unrealistic. Though they feel uneasy and come across as strangers they have to find a way to understand each other.

Schluss:
Manil Suri portrays the arranged marriage in a way that seems to show that he agrees with this tradition since the feelings of the young couple change from disdain and indifference to curiosity and unfamiliarity. He even hints at a closer relationship between Vinod and Sheetal when he mentions that Vinod is "relieved to find [...] not love but not dislike, either" (ll. 46 f).

3.1 Against the background of the current debate on a "clash of cultures", compare the type of marriage described in this text with the different ways of finding a partner in the film *Bend it Like Beckham,* and comment on the future of marriage traditions in a multicultural society. *(Evaluation: comment)*

Einleitung:
Though the Indian families presented in Manil Suri's novel and in Gurinder Chadha's film *Bend it Like Beckham* stick to their traditional ways of life, there are also several differences because, in contrast to the Hindu family, the Sikh family has emigrated from India to Britain and begins to change their rather strict Sikh way of life.

Hauptteil:
Comparison of the extract from the novel and the film *Bend it Like Beckham*

- Both families try to preserve Indian traditions. The partner of their son or daughter is either chosen by the parents or by themselves from their own family, caste or community. Vinod's father decides that his son has to marry "the niece of his uncle's wife" and Pinky Bhamra is supposed to marry a young Sikh. Vinod obeys his father without protest whereas Pinky wants to live according to Sikh traditions.
- Whereas in the novel the engagement and wedding ceremonies take place in the traditional Hindu way, Pinky and her family do not totally follow the traditional rules at the engagement party. On the one hand they give money to the fiancé, and the bride and the groom are fed cakes. But on the other hand they do not meet at the groom's home, there are no prayers and hymns and the bride's family does not receive the wedding dress.
- Though Mrs Bhamra insists on living in the traditional Indian way in Britain, i. e. to practise the Sikh religion, wear Indian clothes, prepare Indian meals, listen to Indian music, etc., Mr Bhamra seems to adapt to the British way of life, at least to a certain extent, because he drinks whisky.
- Both the Hindu and the Sikh family do not tolerate their children having a close relationship with someone of the opposite sex before marriage, nor do they tolerate divorce because that would bring shame to the family.
- In contrast to Pinky, her younger sister Jesminder is not willing to play the role of an Indian wife, i. e. to cook Indian meals, wear Indian clothes and marry a Sikh boy. Instead, she plays soccer with the Hounslow Harriers and falls in love with her Irish coach Joe. But she leaves him at the end of the film when she is offered a grant at a US college where she can play professionally in the female soccer team.
- In contrast to her mother, Jesminder's father tries to understand the different cultural backgrounds of his family and Jesminder's coach and begins to tolerate Jesminder's wish to live a self-determined life.

- When Jess finally emphasizes that she is happy because she is no longer lying to her parents and would never be happy if she was not allowed to go to America, her parents recognize that times have changed since they have immigrated to Britain and that they are not entitled to forbid Jess to find her own way to personal success and happiness.

Comment

- There need not be a "clash of cultures" in a multi-ethnic society if people of different nations, religions and ethnicities try to understand each other and wish to live in peace and harmony together.
- Different ways of life must be respected as long as they are compatible with the laws of the country. For instance, if the children of immigrants really consent to an arranged marriage, their parents should not be blamed for their decision. But if the children are forced to marry a person against their will, such a marriage cannot be tolerated in Britain or other Western countries since it is against the human rights of liberty and self-determination.
- If young adults with a different cultural background want to integrate into the British society, they should not be hindered by their families or even threatened for violating their family's honour.
- Moreover, forced marriages of children in India, Muslim countries or elsewhere are no longer acceptable because the Declaration of Human Rights must be accepted worldwide. Moreover, it goes without saying that women have to be given equal rights worldwide.
- Young adults have the right to decide themselves who they want to live with for the rest of their lives.
- Moreover, in Western democracies they cannot be denied the right to live together without being married.

Schluss:
In every country, and not only in multi-ethnic societies, the different religions and ways of life must be respected as long as they do not violate human rights. This also applies to the Indian, Pakistani or other communities of immigrants in Britain and other European countries. They have the right to preserve their traditional values if they are not against the law. But they are also expected to tolerate everybody who wants to integrate into the British or German societies without sticking to traditional ideas and customs of their ancestors.

3.2 Fill the gap in line 33 with Vinod's thoughts at this moment. Make sure that your addition helps the reader to understand Vinod's views of the events and fits in with Vinod's character and the narrative style of the text. ***(Evaluation: re-creation of text)***

Why are they whispering and smiling? What are they thinking? Is anything wrong with me having married Sheetal? Do they believe that we are too young? Or are they giggling because they know that we are unfamiliar with the situation and don't know what to do when we are alone on our wedding night?

I know that she is not as beautiful as many other Indian girls, but I believe that Dad's decision can't be wrong. He has always been kind and understanding to me. He paid a lot of money for my studies, and I am grateful to him for giving me the education to qualify me to work in a bank. It is a job I like very much, and I earn enough money to start a family and support Dad when he retires. But was it right to consent without knowing anything else about her apart from the fact that she belongs to our family, does not look ugly and is without any physical defects? I don't know anything about her interests, her thoughts and feelings.

I am also not sure that my wife has really consented to our marriage. Has she also been asked whether she has any objections to marrying me? What was she told about me? She looked at me disdainfully when she saw me at her parents' house, and at our engagement she looked down all the time. I could not ask her anything because she did not talk to me. So I stopped thinking about her and the marriage though my friends were joking about it. But suppressing everything is stupid. We should have met more frequently before our marriage and talked about our interests and our future life. Perhaps we would have fallen in love with each other and would have really wanted to get married, with all our hearts.

But now we are married and are expected to live together for the rest of our lives because divorce is not acceptable and would bring shame to our families. How will she behave when we are alone on our wedding night? Will she look at me with disdain again? Will she look at me at all? How will she react when I talk to her and ask her if she likes me? It is the first time that we are alone together. Before she was always accompanied by chaperons and I could not even touch her hand. Will she reject my hand and refuse to be touched at all?

I'm afraid I could make her unhappy. We should have known each other better before our marriage. But now ... ?

Tony Blair's Lord Mayor's Banquet Speech

During a traditional dinner at the Guildhall in London on November 14, 2005, British Prime Minister Tony Blair made a major world affairs speech.

Thirty years ago a political leader who said that the way to advance the national interest was through the spread, worldwide, of the values of democracy, justice and liberty, would have been called an idealist.

Today such a person is a realist. We describe the modern world as interdependent. We acknowledge the force of globalisation. But we fail to follow through the logic of these realities in global politics.

Nations are deeply connected at every level. Of course, economically, but also now through communication, travel and technology.

Yesterday, by chance, I watched part of the MTV Music Awards. Well, it was certainly the most relaxed part of the week I just had. I recommend it to any person who wants to understand modern politics. Why? There was no politics discussed. But the fusion of sounds, rhythms and musical influences from vastly different cultures was an allegory for today's world and the context in which politics exists. This is a world integrating at a fast rate, with enormous economic, cultural and political consequences.

And it all happens as a result of what people themselves are doing. Occasionally we debate globalisation as if it were something imposed by governments or business on unwilling people. Wrong. It is the individual decisions of millions of people that is creating and driving globalisation. Globalisation isn't something done to us. It is something we are, consciously or unconsciously, doing to and for ourselves.

[...]

... out of this great pumping up of global integration comes the need for stronger and more effective global, multilateral action. There is a real danger that the institutions of global politics lag seriously behind the challenges they are called upon to resolve.

These challenges are pressing. The most obvious is global terrorism. Barely a week goes by without another country being added to the grieving list of victims. Jordan, Egypt, Indonesia, India and of course here in London. Recently, in Australia, it appears an attack was foiled. We have disrupted two groups planning attacks here in the UK since 7 July alone. What is obvious now to all is that this is a global movement and requires global action in response, of which the successful completion of a democratic process in Afghanistan and Iraq is a major component. So is the push for peace between Israel and Palestine. In all of these conflicts, the only successful solution is based on democratic consent; and success would have a tremendous persuasive effect far beyond the frontiers of the countries concerned.

Similarly, with the challenge of climate change, the world has to act together. After Gleneagles we began the G8 + 5 talks with the first meeting in London on November 1. The commitment period under the Kyoto protocol ends in 2012. We urgently need a framework, with the necessary targets, sensitively and intelligently applied over the right timeframe, that takes us beyond 2012.

It can only happen if the US, China and India join with Europe, Japan and others to create such a framework. Failure will mean not only increasing the damage to the environment but in a world of greater competition for carbon fuel, real pressure on energy supply and energy prices. Yet such an agreement cannot materialize without the major nations of the world agreeing an approach that is fair and balanced, sharing the most advanced science and technology to tackle carbon emissions. In other words, a just settlement as well as an effective one.

And we surely know already that if we leave millions of the world's poorest out of the onward march of global prosperity, we do not merely indicate moral indifference, but commit a foolish betrayal of our own long-term interest. [...]
In a modern world there is no security or prosperity at home unless we deal with the global challenges of conflict, terrorism, climate change and poverty. Self interest and mutual interest are inextricably linked. National interests can best be advanced through collective action.

Calculate not just the human misery of the poor themselves. Calculate our loss: the aid, the lost opportunity to trade, the short-term consequences of the multiple conflicts; the long-term consequences on the attitude to the wealthy world of injustice and abject deprivation amongst the poor. We will reap what we sow; live with what we do not act to change.

Here, in the City of London, which makes its living above all by being the meeting point of many nations, and which through trade creates much of the wealth on which this British nation depends, is a good place for this call to action. So let us act.

Anmerkungen:
12 allegory: *here:* typical example – **34/35 Gleneagles:** a hotel in Scotland; *here:* the G8-summit in July, 2005, where the heads of government of Canada, France, Germany, Italy, Japan, Russia, the United Kingdom and the United States met to discuss international problems – **35 G8 + 5 talks:** the meeting of the eight politicians with the political leaders of Brazil, China, India, Mexico and South Africa – **36 commitment period:** a period of time for which plans and promises have been made – **36 the Kyoto protocol:** an international agreement from February 16, 2005 to reduce greenhouse gas emission worldwide

Aufgabenstellung

1. Outline Tony Blair's view of globalisation, the global challenges of our time and necessary political answers.
(Comprehension) *(16 Punkte)*

2. Explain how the Prime Minister uses argumentative structure, language and rhetorical devices to convince the audience of his view on globalisation.
(Analysis) *(24 Punkte)*

3. Choose one of the following tasks:

3.1 In lines 49–52 Tony Blair states: "In a modern world there is no security or prosperity at home unless we deal with the global challenges of conflict, terrorism, climate change and poverty. Self interest and mutual interest are inextricably linked. National interests can best be advanced through collective action." Comment on this statement and its implications for the richest countries and for yourself.
(Evaluation: comment) *(20 Punkte)*

3.2 After Tony Blair's speech, a political representative of India who is a guest of honour at the dinner is invited by the host, the Lord Mayor of London, to give a speech in response to the Prime Minister's speech. Write the speech.
(Evaluation: re-creation of text) *(20 Punkte)*

Materialgrundlage:
- Ausgangstext: Sach- und Gebrauchstext (politische Rede)
  Fundstelle des Textes: Tony Blair's Lord Mayor's Banquet Speech, November 14, 2005
  Internet: http://www.number-10.gov.uk/output/Page8524.asp (September 21, 2007)
  Wortzahl: 764

Zugelassene Hilfsmittel:
- Ein- und zweisprachiges Wörterbuch

Erwartungshorizont zur Klausur 2 *(Tony Blair's Lord Mayor's Banquet Speech (September 21, 2007))*

1. Outline Tony Blair's view of globalisation, the global challenges of our time and necessary political answers. *(Comprehension)*

Einleitung:
During the Lord Mayor's traditional dinner at the Guildhall, the town hall of the City of London, former British Prime Minister Tony Blair delivered a speech about globalisation.

Hauptteil:
Globalisation
- At the beginning of his speech the Prime Minister points out that today there is a real chance to spread the values of democracy, justice and liberty worldwide because all nations are globally interdependent.
- There are international economic and technological connections, which also applies to the exchange of information and tourism.
- Globalisation is proceeding at a high speed and affects people economically, culturally and politically.
- It is not primarily based on the decisions of governments, but it is promoted by the activities of the people themselves.

Challenges
- Blair criticizes political failures to cope with the global challenges despite the need for immediate multilateral decisions and actions.
- He considers terrorism the most dangerous problem that requires a global solution, as more and more countries suffer terrorist attacks or are threatened by terrorism. Though Britain has recently succeeded in preventing such attacks, it does not mean that the country is not threatened by terrorists, which applies to all the other countries.
  If democracy could be established in Iraq and Afghanistan, and if Israel and Palestine made peace, it would be a signal of successfully defeating global terrorism and ending conflicts.
- Other global challenges Blair mentions are climate change, the growing demand for fossil fuel and the rising energy prices, the increase of poverty in the underdeveloped countries and the various subsequent conflicts.

Political answers
- Blair calls for international cooperation to establish a framework for the reduction of global warming, which means that also the biggest emitters of carbon dioxide – the US, China and India – should be coaxed into signing the Kyoto protocol and into cooperating with other nations to reach international agreements concerning the protection of Planet Earth on a long-term and more effective basis.

- Such a framework must also be fair and balanced and enable every nation to use these scientifically and technologically developed, environmentally friendly technologies.
- In addition, the rich countries are not only morally obliged to help the poor countries but also endanger their own security and prosperity if they ignore the opportunity to open up new markets for their products by combating poverty, by raising the standard of living in the poor countries and, thereby, preventing future conflicts.

Schluss:
To sum up, the former British Prime Minister not only describes today's major problems and challenges, but he also appeals to the rich nations to realize that self interest and mutual interest are inseparably linked. Immediate international agreements are required to stop global warming and to establish justice and peace among all nations.

2. Explain how the Prime Minister uses argumentative structure, language and rhetorical devices to convince the audience of his view on globalisation. *(Analysis)*

Einleitung:
In order to convince his audience of the urgency of common political action to solve global problems, the Prime Minister structures his speech clearly and employs several rhetorical devices.

Hauptteil:
Blair subdivides his speech, as far as this extract is concerned, into five major parts:

- He first explains his view of globalisation by pointing out that, in contrast to thirty years ago, politics based on the belief that the democratic values can be spread worldwide is considered realistic today because globalisation leads to the growing economic and cultural interdependence of nations (cf. ll. 1–19).
- After that Blair emphasizes that global integration and its challenges necessitate global action against terrorism and political conflicts (ll. 21–33).
- He continues by calling for international agreements concerning such challenges as global warming, the use of fossil fuels and the rising price of energy (ll. 34–45).
- Finally, he points out that globalisation also means that the rich nations have to help the poor countries, as self interest and mutual interest do not contradict each other and as the global challenges can only be faced by common action (ll. 46–56).

- Finally Blair states that London is the right place to call people to action because it is a centre of international trade (ll. 57–59).

Language and rhetorical devices

- Blair's language is clear and easy to understand because he refers to topical problems and employs examples everybody knows, uses rather short sentences, sometimes even one-word sentences and questions or incomplete sentences (cf. ll. 11, 17, 44 f). He also prevents the use of too many special terms and believes that his audience knows what is meant by the G8 + 5 talks and the Kyoto protocol (cf. ll. 35 f).
- He enables his listeners to follow his ideas easily by making use of antithesis. He introduces several sentences by "but" (cf. ll. 5, 11) and stresses the difference between the past and the present (cf. the first two paragraphs). He contrasts the correct definition of the term globalisation with its wrong definition (cf. ll. 15 ff) and "consciously" with "unconsciously" (ll. 18 f). He stresses the discrepancy between the rich and the poor nations (cf. ll. 46 ff), distinguishes between "the short-term consequences" and "the long-term consequences" (ll. 54 f) and emphasizes the urgency of global action in contrast to the lagging behind of politics (cf. ll. 5 f, 22 f).
- In addition, he clearly distinguishes between what is wrong or right by the use of positive or negative phrases and words, such as "the values of democracy, justice and liberty" (l. 2) versus "terrorism" and "the grieving list of victims" (ll. 24, 25), "attacks" versus "peace" (cf. ll. 27, 30), "prosperity" versus "poverty" (ll. 49, 50) and "moral indifference" or "foolish betrayal" (ll. 47 f).
- He uses several rhetorical devices for emphasis, for instance words to stress his ideas ("certainly", "vastly", "seriously", "pressing", "tremendous", "urgently"), comparison ("stronger", "more", "most", "poorest", "best"), enumeration (cf. ll. 2, 8, 11 f, 14, 25 f, 50), alliteration, e.g. "push for peace", "successful solution", "countries concerned" (cf. ll. 30 ff), "wealthy world" (l. 55), repetition of key words such as "global/globalisation", "world", "challenges", "framework", "terrorism", "poverty", etc.
- Blair does not only try to illustrate his ideas by examples but also uses some graphic elements such as a quotation from the Bible (l. 56) or metaphorical style (ll. 21, 47).
- To convince his listeners and gain their consent Blair mentions a personal experience (cf. ll. 9 ff), appeals to them by the use of exclamations (cf. ll. 53, 59) and includes everybody by the use of the personal pronouns "we", "our", "us" (cf. ll. 4 f, 15, 18 f, 46 ff, etc).

Schluss:

To sum up, Blair employs various means rather emphatically to urge everybody to face today's global challenges and to consent to his views and suggestions.

3.1 In lines 49 – 52 Tony Blair states: "In a modern world there is no security or prosperity at home unless we deal with the global challenges of conflict, terrorism, climate change and poverty. Self interest and mutual interest are inextricably linked. National interests can best be advanced through collective action." Comment on this statement and its implications for the richest countries and for yourself. *(Evaluation: comment)*

Einleitung:
The British Prime Minister Tony Blair uses the occasion of the Lord Mayor's traditional dinner at the Guildhall in London to demand urgent action against the major global threats.

Hauptteil:

- Blair begins his speech by pointing out that the values of democracy, justice and liberty are spread worldwide today due to "the force of globalisation". This sounds too optimistic if we only consider the violations of human rights in many countries such as China, Iran, Sudan, Zimbabwe, etc. Even the USA does not respect the human right of equal justice in Guantanamo, where suspects are kept prisoner without solicitors and fair trials and where forms of interrogation such as water-boarding are practised that can be called modern forms of torture. Moreover, as the sharia in Muslim countries is not at all compatible with human rights, the threatening clash of cultures should not be ignored. India and Muslim countries for instance are not willing to tolerate immoral American influences such as permissiveness in regard to sex and violent films or the freedom of expression by cartoons about Mohammed they consider insulting.
  The Prime Minister is right when he calls for a stop to terrorism and to conflicts. But when he mentions Iraq, Afghanistan and several other countries, including Britain, that are threatened by terrorist attacks, and when he demands that Israel and Palestine make peace, he should also refer to the causes of violence and offer solutions to solve these problems. But he does not mention that the Iraq war was based on the lie that Saddam Hussein had weapons of mass destruction nor does he mention that critics of the war believe that it is mainly fought for oil. In addition, the war can still not be considered successful since the blood toll of American and British soldiers and thousands of innocent civilians is still high. Establishing a safe and stable democratic system in Iraq seems to be a long-term goal, which also applies to Afghanistan. Many Iraqis, however, believe that peace can only be achieved when the American and British armies leave the country. Instead of trying to solve conflicts through levying war, the UN Security Council should effectively contribute to peace through negotiations.

- Blair is certainly right to say that globalisation cannot only be defined in an economic sense, but it also affects international politics, communication and culture. The examples he gives, namely tourism and music, are certainly of considerable economic relevance. He stresses the importance of the economy for Britain when he finally refers to London as a trade centre and, therefore, the best place to deliver his speech on globalisation. I fully agree with the Prime Minister when he states that Britain and, of course, every country needs safety and international cooperation in order to be competitive on the global market. It is also true that fair trade requires global cooperation and must be based on mutual interest and should no longer only depend on the self interest of the rich countries.
- Consequently, the rich countries are obliged to support the poor countries because the human rights of life, health, security, freedom of speech, etc. have to be respected worldwide. However, Blair seems to believe that the rich countries only support the poor countries if the reduction of poverty enables them to buy foreign products when he states that it is "our long-term interest" or "self interest" (cf. ll. 48, 50) since it would open a larger market. But he does not mention that many companies have already been investing money in low-cost countries and have transferred their production to those countries to make higher profits or to stay competitive on the world market without caring about the pollution of the environment or the loss of jobs in their own countries. He should have also mentioned that a free market requires reducing or stopping subsidies for agricultural products in rich countries such as the US or France in order to give the developing countries a chance to sell their products on the world market. It was a good idea to invite five other states to attend the G 8+5 Summit in London. But critics such as Attac say that the G 8 countries mainly support their own interests.
- In order to help the poor countries international organizations such as UNCTAD, UNICEF, WHO and the World Bank must support the poor countries to raise the level of education and vocational training, to fight epidemics such as HIV and malaria more effectively and to enable them to help themselves. Foreign aid, however, must be controlled more efficiently because of the danger of corruption in developing countries.
- International cooperation is of course required to reduce global warming. It is unacceptable that the biggest polluters such as the US, China and India did not sign the Kyoto protocol. They should take part in the subsequent international conferences and sign the treaties concerning climate change. The waste of energy must, of course, be replaced by the worldwide use of energy-saving and environmentally friendly technologies and the use of renewable energies instead of fossil fuels. But there are numerous other challenges Blair does not mention, such as population growth and the danger of the decrease of food supply and drinking water caused by pollution, deforestation, over-fishing, etc. Moreover, the problem of finding final disposal sites for nuclear waste has not yet been solved.

Schluss:
The British Prime Minister is certainly right to call for action in order to face some of the major international challenges. But his speech is sometimes too abstract since he does not mention the causes of terrorism, conflicts, climate change and poverty in a more detailed way. But that would obviously be expecting too much from a speech delivered at a traditional dinner.

3.2 After Tony Blair's speech, a political representative of India who is a guest of honour at the dinner is invited by the host, the Lord Mayor of London, to give a speech in response to the Prime Minister's speech. Write the speech. *(Evaluation: re-creation of text)*

The Speech of the Indian Minister of Commerce and Industry at the Guildhall in London:

Prime Minister, Lord Mayor, Excellencies, Ladies and Gentlemen,

I am very grateful to have been given the honour of responding to the British Prime Minister's speech.

First of all, I would like to say that I fully agree with the Prime Minister's view of globalisation as a worldwide force that affects us all, in particular India, as a former developing country that has become globally competitive over the last few years.
As a member of the Commonwealth of Nations, India has always been interested in international economic and cultural relationships and has felt obliged to cooperate internationally to promote our mutual interests. There are not only strong historical links between Britain and India but also important present-day relationships for instance due to the Indian community in Britain and the problem of integration and preserving their religion and culture.

Since 1990 the Indian economy has grown constantly because of foreign investment, industrialization and the growing foreign trade. India's exports of manufacturing goods, pharmaceuticals, transport equipment, machinery and industrial chemicals have continuously been rising. We do not only produce high quality products that are competitive on the world market but our highly qualified IT engineers are welcome in many Western countries.
But we also know that, on the one hand, the number of highly educated and highly-skilled workers is rising in India, but on the other hand, millions of people living in the country are still illiterate and poor.

The gap between the rich and the poor in India is widening as it is in many other countries. But for India this is a dangerous development because our population of more than one billion people is still growing at a fast rate. That is why in India agriculture is subsistence and not commerce. In order to meet the challenges of population growth, food supply and poverty, we need foreign investment, fair trade and international cooperation, which will also be needed to improve education and vocational training and the living conditions of the poor. Another challenge we have to face is the problem of the Hindu caste system and the inequality of women in our villages.

I also agree with the Prime Minister that political conflicts, terrorism and climate change are serious problems that must be solved internationally. India is trying hard to solve the Pakistani-Indian conflict because we know that multinationals are not interested in investing money and establishing factories in trouble spots. Of course, India also supports the struggle against terrorism and the calls to respect human rights worldwide. You know that there is, for instance, a large Tibetan community in India and that we support Dalai Lama's peaceful politics to preserve the Tibetan culture in China.

India is aware of the growing pollution of our cities caused by the growing number of factories. But we have already started to use more environmentally friendly technologies than before and develop energy-efficient products. But the global danger of climate change is an international challenge. As long as the biggest emitter of greenhouse gases, the USA, is not willing to sign the Kyoto protocol or signal a reduction in air pollution, India and China will hesitate to accept strict rules and run the risk of endangering their economic growth and the rising living standard of their people. The British Prime Minister is right to say that "self interest and mutual interest are inextricably linked." His call to action should be heard by every nation since we all sit in the same boat and are obliged to save our planet and to improve the living conditions of all people.

Thank you.